Gustav Körting

Über die Quellen des Roman de Rou

Gustav Körting

Über die Quellen des Roman de Rou

ISBN/EAN: 9783743634367

Hergestellt in Europa, USA, Kanada, Australien, Japan

Cover: Foto ©Andreas Hilbeck / pixelio.de

Weitere Bücher finden Sie auf **www.hansebooks.com**

UEBER DIE
QUELLEN DES ROMAN DE ROU.

INAUGURALDISSERTATION

von

GUSTAV KOERTING

LEIPZIG 1867.
FUES'S VERLAG (L. W. REISLAND).

1871, July 1.
Shapleigh Fund.

Die normannischen Historiker sind nach Duchesne's „Historiae Normannorum scriptores antiqui" (Lutetiae Parisiornm 1619) citirt worden.
Die ohne nähere Bestimmung gelassenen Verscitate beziehen sich sämmtlich auf den Roman de Rou.

Wenn wir die Frage aufstellen und zu beantworten suchen werden: „Welches sind die Quellen des Roman de Rou?", so gehen wir von der Voraussetzung aus, dass der Verfasser des Roman de Rou, der unter König Heinrich II. von England lebende Trouvère Wace*) diese Chronique rimée auf Grundlage älterer Geschichtswerke abgefasst haben müsse: eine Voraussetzung, deren Statthaftigkeit, ja Nothwendigkeit kaum noch eines Beweises bedarf.

Jeder Dichter, der sich ein historisches Sujet zur Behandlung wählt, muss ja, eben weil er durch diese Wahl sich an etwas Gegebenes und Positives bindet und dem Rechte der eigenen freien Erfindung theilweise wenigstens entsagt, in grösserer oder geringerer Abhängigkeit von den betreffenden geschichtlichen Quellen stehen, es sei denn, dass er die Ereignisse seiner eigenen Zeit besingt, bei denen er selbst thätig mitwirkte und die er also aus unmittelbarster und eigenster Anschauung kennen lernte: in diesem Falle vertritt sein treues Gedächtniss die Stelle eines Quellenschriftstellers und es ist daher die Ausnahme doch nur eine scheinbare. Wenn sich nun der logischen Nothwendigkeit, bei der Behandlung historischer Stoffe in Abhängigkeit von den Quellen zu stehen, selbst ein Tasso und ein Schiller nicht entziehen konnten, die in der Composition des Stoffes doch so frei geschaltet haben, wie viel weniger musste es da ein Wace vermögen, der ja offenbar im Roman de Rou

---

*) Die von du Méril in Zweifel gezogene Autorschaft Wace's für alle drei Theile des Romans gedenken wir an einem andern Orte nächstens nachzuweisen.

eine Geschichte der Normandie geben wollte, und der, in diesem Werke wenigstens, einen fast gänzlichen Mangel an dichterischer Phantasie und an Compositionstalent verräth! Es kommt hinzu, dass Wace nicht Ereignisse seiner Zeit, die er selbst mit Bewusstsein durchlebt hätte, erzählt, denn als die Schlacht von Tinchebray geschlagen wurde, war er aller Wahrscheinlichkeit nach den Knabenjahren noch nicht entwachsen. Uebrigens fehlt es uns im Roman selbst keineswegs an Stellen, wo ausdrücklich von einer Uebersetzung und Benutzung quellenmässiger Werke die Rede ist, man vgl. z. B. VV. 2102—104, V. 10440, V. 11570 und die Betheuerung „jo en escript ai trové" ist dem Verfasser ziemlich geläufig. Indessen möchten wir gerade diesem Umstande keine allzu grosse Beweiskraft beilegen. Denn es ist ja bekannt, wie die mittelalterlichen Epiker die Sitte oder vielmehr die Unsitte haben, sich auch da, wo sie wirklich einmal productiv und originell gewesen sind, fingirter Weise auf irgend welche Quellen zu berufen, sei es um ihre Erzählungen glaubwürdiger zu machen, oder um sich den Schein der Gelehrsamkeit zu geben. So führen z. B. die Dichter der Rolandssage den Turpin auch bei solchen Ereignissen als Zeugen an, die er gar nicht berichtet. So ist auch unser Wace im Roman ded Brut nicht der blosse Uebersetzer der Chronik des Gottfried von Monmouth, für welchen er sich im Anfange des Roman's ausgibt, (V. 8, vgl. die Bemerkungen von le Roux de Lincy tom. I p. 3. f. u. tom. II p. 31 ff). Wichtiger, als diese ausdrückliche Berufung auf andere Geschichtsschreiber, deren Wahrheit übrigens in einzelnen Fällen gar nicht zu bezweifeln ist, erscheint uns die Thatsache, dass solche Ereignisse, welche Wace durch ein vorausgeschicktes „plusors (pluséors) distrent" als der mündlichen Tradition entnommen bezeichnet (vgl. z. B. V. 1693), von den lateinischen (Quellen-)Schriftstellern nicht erwähnt werden.

Wenn somit als bewiesen gelten darf, dass Wace bei Auffassung des Roman de Rou Quellenschriften benutzt hat, so hat die oben gestellte Frage, welche Quellen dies gewesen seien, ihre vollständige Berechtigung. Sehr nahe liegt nun die Annahme, dass die beiden hauptsächlichsten normannischen Geschichtsschreiber, deren Werke uns erhalten sind, Dudo von St. Quentin (Dudo Quintinus) und Wilhelm von Jumièges (Guillelmus Gemmeticensis), auch die Hauptquellen des Wace gewesen sind. Zuerst wurde diese Ansicht aufgestellt von Bréquigni im 5. Bande (p. 21—78) der von der Académie des Inscriptions in den Jahren 1787 — 1813 herausgegebenen „Notices et extraits des manuscrits de la Bibliothèque du Roi" und sie blieb bis auf die neueste Zeit ohne jede Anfechtung. Erst du Méril hat in seiner Abhandlung „La vie et les ouvrages de Wace" (in Ebert's Jahrbüchern für rom. und engl. Lit. Bd. I. p. 1. wieder abgedruckt in den „Études sur quelques points d'Archéologie et d'histoire litéraire" (Paris und Leipzig 1862 p. 214 — 272) diese von Bréquigni begründete und seitdem festgewurzelte Ansicht, die er eine „leichtfertig vorgebrachte (légèrement avancée)" nennt, zu erschüttern versucht, aber, wie es uns wenigstens scheint, mit sehr unzureichenden Gründen. Das freilich geben wir gern zu, dass Bréquigni jene Behauptung etwas leichtfertig aufgestellt hat, und dass namentlich seine Vergleichung des Roman's mit den Quellenschriftstellern keine sehr gründliche gewesen ist. Denn sonst hätte er nicht behauptet, dass Wace den Dudo und Guillelmus „oft übersetzt" habe (p. 28). Aber dadurch, dass eine an sich sehr wahrscheinliche Annahme noch nicht genügend bewiesen ist, verliert sie doch ihre Wahrscheinlichkeit durchaus nicht, und auch du Méril kann, nach seinem ganzen Raisonnement zu schliessen, keine genaue Vergleichung des Roman de Rou mit den Geschichtswerken des Dudo und Guillelmus vorgenommen haben; du Méril hat somit seine Meinung noch leichtfertiger vorgebracht, als Bréquigni, denn dieser hatte wenigstens die Wahrscheinlichkeit für sich.

Du Méril verzweifelt von vorn herein an der Möglichkeit, dass sich die Quellen des Wace überhaupt nachweisen lassen. Es erfordere dies, sagt er, eine sehr heikle (délicate) Untersuchung und, welches Resultat sich auch dabei ergäle, es könne sich doch immer nur auf Vermuthungen stützen und müsse eine Hypothese bleiben. Von einer Uebersetzung freilich, selbst wenn diese stark verändert sei, lasse sich doch das Original leicht an den characteristischen Wendungen und wörtlich übereinstimmenden Ausdrücken erkennen, aber bei dem Roman de Rou, wo es sich um thatsächliche Ereignisse handele, sei die Ermittelung von Quellen nicht so leicht zu bewirken und man müsse, bevor man aus der unvermeidlichen Aehnlichkeit in der einfachen und ungeschminkten Erzählung derselben Thatsachen irgend etwas schlösse, wenigstens alle dem Roman de Rou vorangegangenen Chroniken zu seiner Verfügung haben und ihn mit diesen successiv vergleichen. Diese unerlässliche Bedingung sei aber nicht mehr zu erfüllen, denn man wisse, dass mehrere Chroniken verloren gegangen seien und zwar vermuthlich gerade die wichtigsten, weil die Geschichtsschreiber von Beruf eben diese verlornen Werke mit Vorliebe zu citiren pflegten. Folglich — denn dieser Schluss ergibt sich aus dem Angeführten, wenn ihn auch du Méril selbst nicht zieht — lassen sich die Quellen des Roman de Rou gar nicht mehr mit Bestimmtheit ermitteln. Nach dieser mehr indirecten und negirenden Argumentation glaubt du Méril einen unwiderleglichen positiven Beweis gegen Bréquigni's Behauptung dadurch zu führen, dass er eine Anzahl von Abweichungen angibt, welche zwischen Wace einerseits und Dudo und Guillelmus andererseits wirklich vorhanden sind. Endlich sieht du Méril auch in der Stellung des Wace einen Grund, der diesem, wenigstens in den späteren Parthien des Romans, eine Benutzung schriftlicher Quellen geradezu verboten habe. „Der bei weitem wichtigste Theil der Geschichte des Wace" sagt er, „lag übrigens seiner Zeit zu nahe, als dass er, ein geistlicher Würdenträger (ein Trouvère) von so anerkannter Geschicklichkeit, nicht aus den Erinnerungen noch lebender Personen schätzbare und völlig unveröffentlichte (inédits) Zeugnisse hätte sammeln sollen." Am Schlusse der ganzen Erörterung bekundet du Méril die Wichtigkeit, welche er der ganzen Frage beilegt, durch den Ausspruch, es sei dies „une question d'un très-mince intérêt" und ihre richtige Beantwortung würde die „Neugier" doch sehr unbefriedigt lassen, denn Wace's Quellen sei eben die „ganze Welt" gewesen; das letztere heisst mit andern Worten, dass Wace den Stoff des ganzen Romans nur aus der mündlichen Ueberlieferung und aus Hörensagen geschöpft habe.

Geben wir nun die Antwort auf du Méril's herausfordernde Behauptungen.

Dass die Untersuchung über die Quellen des Roman de Rou etwas „heiklich" und schwierig ist, kann gewiss nicht geleugnet werden, aber dadurch wird doch die Möglichkeit einer solchen Untersuchung noch nicht in Frage gestellt, sondern vielmehr Jeder, welcher derartige Fragen nicht für so interesselos hält, wie du Méril, desto mehr zu ihrer Lösung angeregt. Denn, dass es nicht nur bei einem reproducirendem Gedichte, wo es allerdings viel leichter ist, sondern auch bei einem Geschichtswerke möglich ist, die Quellen nachzuweisen, dieses hat namentlich die classische Philologie schon zu wiederholten Malen mit den günstigsten Erfolgen bewiesen. Freilich ist es wahr, dass alle Geschichtsschreiber, welche die Geschichte derselben Zeit oder desselben Volkes behandeln, auf ein bestimmtes Quantum thatsächlicher Ereignisse beschränkt sind, und dass also, wenn zwei von ihnen dieselbe Thatsache erwähnen, durchaus noch nicht auf Abhängigkeit des einen von dem andern geschlossen werden darf. Aber trotzdem fehlt es doch der historischen Kritik keineswegs an Mitteln, da, wo aus chronologischen Gründen eine Abhängigkeit von Quellen statuirt werden muss, diese Quellen auch ganz evident nachzuweisen, vorausgesetzt natürlich,. dass sie uns wenigstens in grösseren Fragmenten erhalten sind. So ist es beweisend für die Abhängigkeit eines jüngeren Geschichtsschreibers (welcher Quellen benutzt haben muss) von einem älteren, wenn beide genau dieselben Thatsachen berichten, d. h. der eine nicht (wesentlich) mehr und nicht weniger als der andere, wobei ein dritter Geschichtsschreiber zu vergleichen ist; wenn ferner beide dieselben Thatsachen auch in derselben Reihenfolge erzählen, denn, obwol die Reihenfolge der Hauptsache nach schon durch die Chronologie bedingt wird, so bleibt doch, namentlich bei der Erzählung gleichzeitiger Ereignisse, wie auch in der Anordnung des ganzen Stoffes, dem Historiker immer noch ein gewisser Spielraum frei; und wenn endlich der jüngere Geschichtsschreiber selbst in den Details, wo sonst immer die grösste Divergenz zu herrschen pflegt, mit dem älteren übereinstimmt und auch durch einzelne sprachliche Wendungen, durch Parallelstellen und, wo dies möglich ist, durch das Colorit des Styles an diesen·erinnert. Wenn hiermit als bewiesen gelten darf, dass, wenn Dudo und Guillelmus wirklich die Quellen des Wace gewesen sind, sich dies auch recht gut nachweisen lässt, so entsteht nur noch die Frage, ob du Méril's verneinendes Urtheil die Frucht einer genauen Vergleichung des Roman de Rou mit Dudo und Guillelmus ist. Wir müssen dies, wie wir schon einmal (p. 3) gethan haben, entschieden verneinen. Denn nur dem flüchtigen Vergleicher konnte es entgehen, dass Wace im Ganzen und Grossen (denn hiervon kann, wie wir bald zeigen werden, allein die Rede sein) mit Dudo und Guillelmus sowol in den Thatsachen selbst, als auch in der Reihenfolge ihrer Erzählung übereinstimmte und dass auch Parallelstellen und Detailübereinstimmungen durchaus nicht selten sind. Den Beweis für diese Behauptung wird weiter unten unsere eigene Vergleichung hoffentlich genügend führen. Hatte aber du Méril die Werke des Dudo und Guillelmus, in denen man doch gewiss zunächst die Quellen des Roman de Rou vermuthen muss, nicht genau mit diesem verglichen und folglich kein genaues und bestimmtes Resultat erlangt, so besass er auch keine Berechtigung zu der Forderung, man müsse, um die Quellenfrage entscheiden zu können, alle dem Roman vorangegangenen Chroniken zur Verfügung haben, namentlich die jetzt verlorenen, durch welche Forderung die Lösung der Frage so ziemlich *ad graecas Calendas* vertagt wird. Was übrigens die Behauptung angeht, die verlornen Chroniken seien gerade die wichtigsten gewesen, so müssen wir ihr mit Entschiedenheit widersprechen und dies um so mehr, als die beigefügte Begründung, dass diese Chroniken von den „Geschichtsschreibern von Beruf" mit Vorliebe citirt würden, für uns gar keine Bedeutung haben kann, weil wir weder wissen, wer jene Geschichtsschreiber sind, noch, welche Bewandtniss es mit den Citaten selbst hat. Einmal ist es schon an sich sehr unwahrscheinlich, dass gerade die wichtigsten Geschichtswerke verloren gegangen sein sollten, da eben diese am häufigsten gelesen, am sorgfältigsten aufbewahrt zu werden pflegen. Sind uns doch auch aus dem Bereiche der weit älteren griechischen und lateinischen Literatur die wichtigsten und besten Historiker fast sämmtlich erhalten und nur minder bedeutende, wenn auch von diesen zahlreiche, verloren gegangen. Dann aber sprechen auch positive Gründe gegen diese Ansicht. Der gelehrte Ordericus Vitalis von St Évroul, der zur Abfassung seiner grossen Historia Ecclesiastica sich den eingehendsten Quellenstudien unterzog, erwähnt ausdrücklich den Dudo und Guillelmus als die einzigen umfassenden Quellen für normannische Geschichte (prol. ad lib. III, p. 450 A), wobei besonders zu beachten ist, dass Vitalis ein Zeitgenosse des Wace war. Auch Benoit folgte in seiner voluminösen „Chronique des ducs de Normandie" nächst seinem unmittelbaren Vorgänger Wace jenen Historikern*), welche er also doch wohl für die bedeutendsten hielt.

Die Abweichungen des Wace von Dudo und Guillelmus, welche du Méril für einen so untrüglichen Beweis seiner Ansicht hält, bestehen allerdings und es lässt sich ihre Anzahl sogar noch beträchtlich vermehren. Aber bei der so grossen innern Wahrscheinlichkeit, mit welcher sich eine Benutzung jener Historiker durch Wace annehmen

---

*) Wir können den Beweis für diese Thatsache hier nicht führen, da dies eine besondere ausführliche Darstellung erfordern würde, werden aber gelegentliche Andeutungen zu geben nicht unterlassen.

lässt, und bei der grossen Zahl von Einzelargumenten, welche eine solche Benutzung auf eine zwingende Art beweisen, wäre es doch äusserst unmethodisch, nur jener Abweichungen wegen ein Urtheil im Sinne du Méril's abgeben zu wollen. Denn, abgesehen davon, dass einzelne dieser Abweichungen wohl nur durch Schuld der Abschreiber in den Text gekommen, andere wieder als offenbare Gedächtnissfehler des Autors selbst zu betrachten sind, werden wir bei sonstiger durchgehender Uebereinstimmung durch alle Abweichungen zu keinem anderen Schlusse berechtigt, als dass Wace ausser Dudo und Guillelmus noch andere Quellen benutzt haben müsse. Und diesen Schluss, zu welchem uns auch noch manches Andere hindrängt, dürfen wir um so leichter ziehen, als wir ja nie behauptet haben, dass Dudo und Guillelmus die einzigen, sondern nur, dass sie die H a u p t quellen des Wace gewesen seien. Wie wenig es mit manchen Abweichungen auf sich hat, beweist der Umstand, dass Wace zuweilen an kurz aufeinanderfolgenden Stellen dieselbe Person verschieden benennt. So gibt er z. B. dem zweiten Sohne des Herzogs Gottfried von der Bretagne und Hedwigs (der Tochter Richards I.) V. 5424 den Namen Iwun, während er ihn V. 6585 Johan nennt.[*] Die dritte Behauptung du Méril's endlich, dass Wace das Material zu dem wichtigsten Theile seiner Geschichte aus den Erinnerungen noch lebender Personen habe sammeln können und, wie aus dem folgenden „les sources de Wace c'était un peu tout le monde" hervorgeht, auch wirklich gesammelt habe — diese wahrhaft leichtfertige Behauptung verdient kaum noch eine Widerlegung. Denn, setzen wir auch die Abfassung des Roman de Rou möglichst früh an, also in das Jahr 1162, ein Jahr nach der im Roman (V. 7405 — 410) selbst erwähnten Translation der Gebeine Richards II. und Richards III., so stand doch auch schon in diesem Jahre ein Mann, der als zwanzigjähriger Jüngling die Schlacht bei Tinchepray mitgekämpft hatte, bereits in einem Alter von 70 Jahren, war also dem gewöhnlichen Laufe der Natur nach wenig mehr geeignet. „schätzbare und noch nicht veröffentlichte Zeugnisse" abzulegen. Es kommt hinzu, dass Wace gewiss beabsichtigte, eine glaubwürdige Geschichte der Normandie zu schreiben, es erhellt dies nicht nur aus den Versen 2100 —110, die für du Méril, welcher den zweiten

---

[*] Freilich könnte man hier auch an einen blossen Schreibfehler denken.

Theil für unächt hält, ohnehin keine Beweiskraft haben würden, sondern auch aus der ganzen Anlage und Haltung des Romans, dem ja eine historische Autorität auch gar nicht abzusprechen ist. Wer aber glaubwürdige Geschichte schreiben will, der sammelt sein Material nicht aus der Tradition, nicht aus dem Munde des Volkes, welcher wohl Sagen und Anekdoten, nicht aber eigentliche Geschichte aufbewahrt, sondern er sammelt es aus schriftlichen Quellen. Und so hat denn auch Wace handeln müssen und hat so gehandelt: die Grundlage seines Werkes bildeten durchaus die älteren Geschichtsschreiber, der mündlichen Tradition entlehnte er nur sagen- und anekdotenhafte Erzählungen, welche die Einförmigkeit des geschichtlichen Berichtes angenehm unterbrechen und zum Theil ausdrücklich als der Volksüberlieferung entstammend bezeichnet werden (vgl. V. 1639. V. 5498 ff.).

Durch das eben Erörterte ist, wie wir hoffen, nicht nur bewiesen, dass du Méril's Behauptungen in keiner Weise stichhaltig sind, sondern auch gezeigt worden, dass die Annahme, Dudo und Guillelmus seien Wace's Hauptquellen gewesen, eine logisch nothwendige ist. Denn wenn Dudo und Guillelmus zur Zeit Wace's die bedeutendsten normannischen Geschichtsschreiber waren, so dass ihre Werke den Werken des Ordericus Vitalis und des Benoit zur Grundlage dienten, so wäre es ja widersinnig gewesen, wenn nicht auch Wace hauptsächlich aus i h n e n geschöpft hätte.

Indessen, wir betonen es noch einmal, Dudo und Guillelmus waren für Wace nur die Hauptquellen, nicht die einzigen Quellen, und deshalb kann auch nur im Grossen und Ganzen von einer Uebereinstimmung zwischen Wace und jenen beiden die Rede sein (vgl. p. 5). Es finden sich im Roman de Rou Thatsachen erzählt, deren weder Dudo noch Guillelmus gedenkt, und welche daher, da sie auch der mündlichen Tradition nicht entnommen sein können, unbedingt auf andere Quellen hinweisen, und auch in der Erzählung von Ereignissen, welche Dudo und Guillelmus ebenfalls berichten, weicht doch Wace nicht selten so bedeutend von diesen ab, dass die Benutzung anderer Quellen ebenso unzweifelhaft wird. Gleichwohl lässt sich die Frage, welche Quellen Wace ausser Dudo und Guillelmus benutzt habe, nur vermuthungsweise beantworten, da die Quellen für die normannische Geschichte — trotz der werthvollen Duchesneschen Sammlung — noch nicht in der wünschenswerthen Vollständigkeit veröffentlicht, ja nicht einmal bekannt sind und sich überdies nicht bezweifeln lässt, dass gar manche der von Wace benutzten Werke nicht bis auf unsere Tage gekommen sind. Jedenfalls benutzte Wace die vorhandenen Chroniken grösserer Städte und Klöster, wie von Rouen, Bayeux, Caen, Fécamp u. a. [vgl. V. 2103*)], für die im Roman behandelten Parthieen der englischen Geschichte gewiss auch englische Geschichtsswerke in lateinischer und angelsächsischer Sprache, deren letzteren er ohne Zweifel kundig war (vgl. V. 5223, 10658 f., 12473 ff.); ausserdem standen Wace vermöge seiner Stellung als Hoftrouvère gewiss auch alle Archive mit ihren Urkundenschätzen zur Benutzung offen.

Von den uns noch erhaltenen und bekannten eigentlichen Geschichtsschreibern kommen bei der Quellenfrage ausser Dudo und Guillelmus nur noch Wilhelm von Poitiers (Guillelmus Pictaviensis) und Ordericus Vitalis in Betracht. Dass der erstere von Wace in der Biographie Wilhelms des Eroberers benutzt worden ist — und in dieser allein war es ja möglich — lässt sich aus zwei Stellen, die wir an ihrem Orte besprechen werden, mit ziemlicher Evidenz constatiren. Schwieriger ist es, das Verhältniss Wace's zu seinem älteren Zeitgenossen Ordericus Vitalis von St. Évroul festzustellen. Chronologisch steht kein Hinderniss im Wege, eine Benutzung des Ordericus durch Wace als möglich anzunehmen, denn der erstere beendete das dreizehnte Buch seiner historia ecclesiastica im Jahre 1141 (vgl. den Schluss des 13. Buches p. 924 D), und der Roman de Rou kann, wie schon oben (p. 7) gezeigt, vor dem Jahre 1162 nicht verfasst worden sein; in den dazwischen liegenden zwanzig Jahren hatte also des Ordericus' Werk genügend Zeit, um auch „ausserhalb des Umkreises von St. Évroul" bekannt zu werden, und es ist somit das chronologische Bedenken le Prevost's (Anmerkung z. V. 14465, Bd. II. p. 304) gegen die Bekanntschaft Wace's mit Ordericus' Geschichtswerke ungerechtfertigt. Hinweisen könnte nun auf eine Benutzung des Ordericus durch Wace namentlich die Uebereinstimmung beider Schriftsteller in den Details bezüglich des Todes und der Bestattung Wilhelms des Eroberers. Indessen ziehen wir es doch vor, diese Uebereinstimmung

---

*) Testimuigne m'en pot cil de Fescam porter.
Die Meinung le Prevost's, unter „cil" seien die Einwohner Fécamps im Allgemeinen zu verstehen, ist wegen des Singulars pot unstatthaft.

durch le Prevost's Hypothese zu erklären, wonach Wace und Ordericus aus einer gemeinschaftlichen Quelle geschöpft hätten. Denn da Ordericus für Wace kein Quellenschriftsteller sein konnte, so sieht man nicht recht ein, warum dieser nicht auch in diesen Details die Quellen selbst aufgesucht und ausgebeutet haben sollte. Es kommt hinzu, dass die weitschichtige und übrigens sehr interessante historia ecclesiastica des Ordericus, eben weil sie eine historia ecclesiastica ist, für Jeden, der sie in profangeschichtlicher Beziehung benutzen will, nur sehr unbequem zu benutzen ist. Benoit allerdings hat in der entsprechenden Parthie seiner Chronique den Ordericus ohne Zweifel benutzt, wie uns aus einer Vergleichung von VV. 39699—719 mit Ordericus lib. VII. p. 661 B unwiderleglich hervorzugehen scheint. Immerhin möglich also, dass auch Wace ein Gleiches gethan, aber, wie gesagt, nicht recht wahrscheinlich.

Wäre somit die Frage „welche Quellen der Verfasser des Roman de Rou benutzt habe" wenigstens andeutungsweise beantwortet, so ist nun noch die andere Frage zu erledigen, „in welcher Weise der Verfasser seine Quellen benutzt habe". Es wird die Antwort auf diese Frage hauptsächlich in einer Vergleichung des Roman de Rou mit den Geschichtswerken des Dudo und Guillelmus als den Hauptquellen bestehen, durch welche Vergleichung zugleich auch der speciale Nachweis für die bis jetzt doch mehr allgemein logisch, als detaillirt kritisch bewiesene Behauptung gegeben wird, dass Dudo und Guillelmus wirklich die Hauptquellen des Roman de Rou gewesen sind. Von welchen Gesichtspunkten aus eine solche Vergleichung vorgenommen werden muss, haben wir bereits oben (p. 4 u. 5) angedeutet und wüssten wir nichts Wesentliches hinzuzufügen. Wir bemerken deshalb nur, dass wir auf die Detailübereinstimmungen und Parallelstellen ein ganz besonderes Gewicht legen werden. Denn bei Geschichtsschreibern einer so unkritischen Zeit, wie das Mittelalter war, ist es in der That mehr als Zufall, wenn zwei von ihnen auch in der Angabe von Kleinigkeiten (wie z. B. in Zahlen, in Namen von minder wichtigen Personen, in untergeordneten Daten etc.) häufig übereinstimmen. Uebrigens werden wir uns in der ganzen Vergleichung der möglichsten Genauigkeit bestreben, damit, auch wenn unsere Folgerungen nicht gebilligt werden könnten, doch das zu Grunde zu legende und nicht gerade leicht zu beschaffende Material einmal vollständig zusammengestellt worden ist.

Die Inhaltsvergleichung, welche wir vornehmen wollen, beruht auf einer Voraussetzung, die mit wenigen Worten begründet sein will. Der Roman de Rou ist nicht, wie Bréquigni gemeint hat, eine Uebersetzung der Chroniken des Dudo und Guillelmus; wäre dies der Fall, so müsste ja der Inhalt völlig identisch sein. Dass aber eine solche Identität nicht vorhanden ist, haben wir bereits im Vorhergehenden wenn nicht strict bewiesen, so doch angedeutet. Aber auch ganz abgesehen davon, wird jene Annahme Bréquigni's durch zwei Gründe völlig widerlegt. Denn einmal müsste, wäre die Annahme richtig, ein grosser Theil des Roman's die Uebersetzung zweier Geschichtswerke, des Dudo und Guillelmus, zugleich sein, was natürlich unmöglich ist. Dann aber ist es ja auch hinlänglich erwiesen, dass Uebersetzungen in unserem Sinne dem Mittelalter völlig fremd waren. Ebenso wenig wie die ächte und eigentliche Productivität, die originale und selbständige Werke schafft, kannte das Mittelalter auch die eigentliche und ächte Reproductivität, welche Originale treu und doch nicht sklavisch wiedergibt. Die „Uebersetzungen" des Mittelalters sind entweder steife, praktischen Zwecken dienende Interlinearversionen, oder freie Umarbeitungen, welche das Original nicht nur in die Sprache, sondern auch in den Geist und in die Kultur des betreffenden Volkes übertragen. Der Roman de Rou ist daher keineswegs als eine Uebersetzung, sondern höchstens als eine mit anderweitigen Zusätzen verquickte Umarbeitung oder Nachdichtung — doch ist der letztere Ausdruck schon fast zu kühn — der Chroniken des Dudo und Guillelmus zu bezeichnen und es ist daher eine Vergleichung durchaus zulässig.

Ehe wir nun aber zu dieser Vergleichung selbst schreiten, müssen wir einige Bemerkungen über das Leben und die Werke des Dudo und Guillelmus vorausschicken.

Dudo, dessen Lebenszeit ungefähr in die letzte Hälfte des 10ten und in die ersten Jahrzehende des 11ten Jahrhunderts fällt, gehörte dem Kloster von St. Quentin an, in welchem er anfangs einfacher Geistlicher, später Kanonikus und endlich Dekan war. Zur historischen Schriftstellerei wurde Dudo, falls seinen Worten in der „epistola panegerica" an den Bischof Adalbert von Laon (p. 56 B) zu trauen ist, fast wider seinen Willen veranlasst. Der Herzog Richard I. nämlich, an den er von dem Grafen Albert von Vermandois in einer diplomatischen Mission gesandt worden war (f. p. 155 D), forderte ihn auf, eine Geschichte der Normannen, insbesondere seines (des Herzogs)

Grossvaters*) Rollo zu schreiben und liess nicht eher ab, in ihn zu dringen, als bis er die Forderung zugestanden erhalten hatte. So begann Dudo denn sein Geschichtswerk, aber der bald darauf erfolgte Tod seines Gönners Richard's I. versetzte ihn in eine solche Niedergeschlagenheit, dass er das kaum begonnene Werk nicht weiter führen wollte und nur durch die dringendsten Bitten Richards II. und des Grafen Rudolfs von Evreux, des Sohnes und Bruders Richards I., zu dessen Fortsetzung und Vollendung bewogen werden konnte.

Dudo's normannische Geschichte führt den Titel „de moribus et actis Normannorum", ein Titel, welcher mehr verspricht, als im Werke selbst erfüllt wird, denn eigentliche Sittenschilderungen oder auch nur eine Rücksichtnahme auf die Culturgeschichte sucht man vergeblich darin**), und es gewährt in dieser Beziehung die Kirchengeschichte des Ordericus eine weit reichere Ausbeute. Das Werk Dudo's ist in drei Bücher getheilt, von denen das erste als eine Art Einleitung die Geschichte der Normannen vor Rollo, das zweite die Geschichte Rollo's selbst, das dritte und umfangreichste die Geschichte Wilhelms I. und Richards I. behandelt. Die Sprache und Darstellung Dudo's sind ganz eigenthümlich und verdienten, einmal zum Gegenstand einer eigenen Untersuchung gemacht zu werden; ihre hervorstechenden Characterzüge sind Schwülstigkeit und Manierirtheit, so liebt er es, Synonyma zu häufen, unnöthige Umschreibungen anzuwenden und denselben Gedanken in verschiedenen Formen zu wiederholen, so findet er auch grosses Gefallen an veralteten, seltenen und poetischen Wörtern und an seltsamen neuen Wortbildungen: allem Anscheine nach hat Dudo seinen Styl an den Kirchenvätern gebildet oder vielmehr verbildet. Einige kleine Proben der Dudo'schen Schreibweise seien als Belege für das Gesagte hier angeführt. Als einmal von dem Knaben Richard I. die Rede ist, werden innerhalb zweier Seiten (p. 117B — 119B) dem Worte „puer" folgende nähere Bestimmungen zugefügt: (puer) summae celebritatis, immeritae coptionis, memorialis scientiae, tantae dulcedinis (p. 117 B); tanti desiderii, tanti decoris, conspicuae formae, inaestimabilis incrementationis (!), tantae custodiae, tantae diligentiae, tanti amoris; dem Manne Richard I. werden p. 136 B nicht weniger als 43 ehrende Prädicate, zum Theil

---

*) Dudo spricht merkwürdiger Weise von einem „proavus".
**) Anderer Ansicht ist Waitz (Mon. Germ. S. IV. p. 94).

sehr poetischer Art ertheilt, wie: melliflua dulcedo fortum, baculus orborum, palma desperantium, dulce caput Consulum etc.; die einfache Zahl „novem" wird p. 151 B künstlich durch „ter tres" umschrieben und in demselben Satze findet sich das Wort „Richardidae" an der Stelle von Normanni.

Eine besondere Eigenthümlichkeit Dudo's ist es, dass er die einzelnen Bücher seiner Geschichte mit längeren, überaus schwülstigen Gedichten einleitet und schliesst und auch in den Text selbst sogenannte „Apostrophen", d. h. kürzere an die gerade besprochenen Personen gerichtete Gedichte verwebt; diese Apostrophen sind, je nach den persönlichen Sympathien des Verfassers, von den übertriebensten Lobeserhebungen oder eben so übertriebenen Schmähungen erfüllt [vgl. z. B. die Apostrophen auf p. 138 u. 139] *) Trotz aller dieser Ueberschwenglichkeiten und Mängel aber ist doch Dudo's Darstellung ein gewisses poetisches Colorit, ein höherer Schwung gar nicht abzusprechen, und die Lectüre des Werkes hat ein hohes, wenn auch für den Verfasser nicht überall schmeichelhaftes, Interesse. Ein treffendes Urtheil über Dudo gibt Ordericus Vitalis ab, wenn er sagt (prol. ad lib. III, p. 458 A): „Bellicos siquidem actus trium ducum Dudo Vermandensis Decanus eloquenter enarravit: affluensque multiplicibus verbis et metris Panigiricum super illis edidit et Ricardo Gunnoridae gratiam ejus captans transmisit" (f. p. 618 D).

Was die Glaubwürdigkeit Dudo's anlangt, so ist es Sitte geworden, dieselbe aufs äusserste zu verdächtigen. Der Verfasser des Artikels in der Histoire littéraire (tom. VII p. 236 — 239) nennt ihn nach dem Vorgange von Pithou und Vossius geradezu einen „Romancier" und spricht seinen Erzählungen ebenso alle historische Glaubwürdigkeit ab, wie der Theogonie des Hesiod und der Ilias des Homer; selbst der gründliche Potthast characterisirt in seinem „Wegweiser durch die Geschichtsquellen des Mittelalters" Dudo mit den Worten „mehr romantisch als historisch". Wir können diese Urtheile nicht für begründet halten und möchten das Prädicat „romantisch" höchstens der Darstellungsweise ertheilt wissen.**) Denn, ob-

---

*) Vielleicht wird ein Theil dieser Gedichte dem Dudo nur irrthümlich beigelegt, da sie nur in dem einen der beiden von Duchesne benutzten Codices sich finden (vgl. Duchesne, praefatio p. 2).

**) Derselben Ansicht ist Waitz (l. c) und, wie wir nachträglich erfahren haben, auch Jules Lair, welcher im 23. Bande der Mémoires de wol Dudo ebensowenig historische Kritik geübt hat, als die meisten andern mittelalterlichen Geschichtsschreiber, und sich gewiss manche Uebertreibungen und Entstellungen zu Schulden kommen lassen, so liegt doch unseres Erachtens kein Grund vor, an der Glaubwürdigkeit seiner Geschichte im Allgemeinen zu zweifeln, da er, abgesehen von einigen Legenden, die sich leicht als solche erkennen lassen (wie die Vision Rollo's p. 72), nichts geradezu Unwahrscheinliches erzählt, und seine Berichte mit denen anderer Historiker im Wesentlichen übereinstimmen. (Dagegen möchten wir auf das Zeugniss des Guillelmus Gemmeticensis, der Dudo p. 215 B einen „peritus vir" nennt, kein grosses Gewicht legen.) Was die Quellen Dudo's betrifft, so erfahren wir von ihm selbst hierüber Nichts, nach Guillelmus Gemmeticensis (p. 215 B vgl. lib. IV. c. 20. p. 248 D) hat er Vieles der mündlichen Mittheilung des Grafen Rudolf, eines Bruders Richards I, verdankt, welcher über die Regierung seines Bruders und seines Vaters (Wilhelms I) natürlich gut unterrichtet sein musste. Es hat also in dieser Beziehung wenigstens der grössere Theil des Dudo'schen Werkes guten Anspruch auf Glaubwürdigkeit. Ein hässlicher Characterzug Dudo's ist seine kriechende Schmeichelei gegen die Grossen, welche sich oft in wahrhaft widerwärtiger Weise Ausdruck verschafft, man lese z. B. nur den Widmungsbrief an den Bischof von Laon. Dudo ist in dieser Beziehung der würdige Vorgänger der Reimchronisten und Hoftrouvères Wace und Benoit. — Die Literatur über Dudo findet man verzeichnet von Michel in der Introduction (p. IV) zur Ausgabe des Benoit.

Guillelmus (wir behalten absichtlich die lateinische Namensform bei) mit dem Beinamen Calculus, gewöhnlich aber nach der Abtei Jumièges, welcher er als Mönch angehörte, Gemmeticeesis genannt, lebte unter den Regierungen Richards III, Roberts I und Wilhelm des Eroberers (etwa von 1010--1080) beweisend hierfür ist das 1. Kap. des 6. Buches (p. 257 D), in welchem er mit Richard III (1026—1028) beginnend, die Geschichte der Herzöge zu erzählen verspricht, die zu seiner Zeit „geblüht" hatten und deren Thaten er, zum Theil wenigstens, mit eigenen Augen gesehen habe (vergl. p. 215 B „certissimo judice proprio visu didici"). Bis zu dem Tode Richards I ist das Werk des

---

la Société des Antiquaires de Normandie (September 1865) eine neue Ausgabe des Dudo veranstaltet hat

Guillelmus (abgesehen vom ersten Buche) ein blosser Auszug aus Dudo's Werke, (f. p. 215 B), jedoch mit manchen Berichtigungen und — namentlich das Kloster Jumièges betreffenden — Zusätzen; vom Tode Richards I an setzte Guillelmus seine Geschichte bis zur Schlacht bei Hastings selbständig fort, und widmete das vollendete Werk dem Könige Wilhelm dem Eroberer. Es wird dies nicht nur durch den noch erhaltenen Widmungsbrief an den König Wilhelm, sondern auch zwei bestimmte Aussagen des Ordericus Vitalis bewiesen, die erste derselben findet sich in dem schon mehrfach citirtem Prologe zum 3. Buche (p. 458 A) und lautet: „Quem (sc. Dudonem) Guillelmus cognomento Calculus Gemmeticensis Coenabita secutus eleganter abbreviavit et de quattuor ducibus (das sind Richard II, Richard III, Robert I und König Wilhelm I), qui successerunt breviter et diserte res propalavit;" die zweite, noch bestimmtere, ist im 6. Buche (p. 618 D) enthalten und lautet: „Guillelmus quoque cognomento, Calculus Gemmeticensis, Monachus Dudonis materiam subtiliter replicavit, facete abbreviavit et successorum actus usque ad subjectionem Angliae adjecit, post certamen Senlaccium narrationem suam consummavit Guillelmoque Regi subtilissimo suae gentis obtulit." Das Geschichtswerk des Guillelmus, welches den Titel „Historiae Normannorum" führt, zerfiel in seiner ursprünglichen Gestalt nur in 7 Bücher, von denen das erste die Geschichte der Normannen vor Rollo, die übrigen sechs die Regierung je eines Herzogs (die kurzen Regierungen Richards III und Roberts I als eine gerechnet) erzählen.

Wir sagten „in seiner ursprünglichen Gestalt", denn, wie uns das Werk jetzt vorliegt, zählt es 8 Bücher, von denen das 8. die englisch-normannische Geschichte vom Tode Wilhelms des Eroberers (1087) bis zum Tode Heinrichs I. (1135) fortführt, und ausserdem von Kapitel 34 — 42 eine Reihe genealogischer Untersuchungen, die normannische Geschichte im Allgemeinen betreffend, enthält. Es leuchtet ein, dass Guillelmus der Verfasser dieses Buches nicht sein kann, hätte er, der ca. 1010 Geborene, doch beim Tode Heinrichs I mindestens 120 Jahre zählen müssen (ein Alter, welches ihm, wie der weitaus grössten Mehrzahl seiner Mitmenschen, gewiss nicht beschieden war), ja es ist selbst sehr fraglich, ob Guillelmus auch beim Tode Wilhelms, falls er diesen erlebte, ein Greis von etwa 80 Jahren, die nöthige Geistesfrische besass, um literarisch thätig sein zu können. Es ist somit ganz unzweifelhaft, dass das ganze 8. Buch und, namentlich der mit Rücksicht auf das wiederholte Zeugniss des Ordericus, auch der Schluss des 7. Buches, etwa von Capitel 38 an, als die Fortsetzung eines Späteren zu betrachten sind. Aber bei diesem Resultate kann die Kritik noch nicht stehen bleiben. Es findet sich nämlich auch im 6. und 7. Buche (soweit das letzere überhaupt von Guillelmus verfasst ist) eine Anzahl von Capiteln, deren auf die speciellste Geschichte einzelner Klöster, namentlich des von Bec, und einzelner ed'ler Geschlechter bezüglicher Inhalt beweist, dass sie erst später (und wahrscheinlich im Kloster zu Bec selbst) eingeschoben oder doch mit Zusätzen versehen worden sind. Der Verfasser des Artikels über Guillelmus in der Histoire littéraire (tom. VIII p. 169 sqq.) erklärte daher — und gewiss mit Recht — folgende Parthien für unächt: vom 6. Buche das 9. Capitel (die Lebensgeschichte Anselms, der 1109 starb), vom 7. Buche einen Theil des 12. Capitels, den Schluss des 21. und den Schluss des 22. Capitel (vielleicht das ganze 22. Capitel), das 23., das 43. und 44. Capitel*); für interpolirt hielt er die Capitel 25., 26. und 32.

Wir glauben sogar das Verdict der Unächtheit über noch grössere Theile des 7. und 8. Buches aussprechen zu müssen, über das letztere natürlich nur insofern, als wir behaupten, dass die eigentliche, in diesem Buche gegebene Fortsetzung des Guillelmus später noch eine Erweiterung erfahren habe, wobei fest zu halten ist, dass der Fortsetzer und der Erweiterer jedenfalls ganz verschiedene, räumlich und zeitlich getrennte Personen waren. Der Grund zu unserer ganzen Hypothese ist folgender. Benoît, der Reimchronist, schliesst sich in der Geschichte Wilhelms des Eroberers (mit Ausnahme der Ereignisse von der Schlacht bei Hastings bis zum Tode Wilhelms) und in der seiner Söhne, namentlich Heinrichs I., vorzugsweise eng an Guillelmus und dessen Fortsetzer an, so dass er stellenweise nur eine Paraphrase gibt, er übergeht bei dieser Nachdichtung aber im VI. Buche das 9. Cap.; vom VII. Buche die Cap. 10—15, einen Theil von Cap. 17, und die Cap. 22 und 23; vom VIII. Buche Cap. 5, einen Theil von Cap. 10, den Schluss von Cap. 17, die Cap. 19, 20 (von denen im Guillelmus nur die Ueberschriften enthalten sind), 24, 27, 28 und und einen Theil von Cap. 32. Man sieht nicht ein, warum Benoît,

---

*) Die beiden letzteren unter der Voraussetzung, dass Guillelmus das 7. Buch bis zum Schlusse fortgesetzt habe.

der sonst gar kein Freund von Auslassungen ist, sondern nach möglichster Vollständigkeit strebt, gerade diese Parthien übergangen haben sollte, wenn sie in seinem Text des Guillelmus gestanden hätten: sie werden also aller Wahrscheinlichkeit nach nicht darin gestanden haben, sondern erst später hinzugefügt worden sein. Da man nun sieht, dass die Benoît'schen Auslassungen oder richtiger die erst nach Benoît entstandenen Zusätze mit den in der Histoire littéraire als solche nachgewiesenen Einschiebungen fast gar nicht zusammenfallen, so muss man eine doppelte Erweiterung der letzten Bücher des Guillelmus annehmen, und hat darnach zu unterscheiden*) 1) die eigentliche Fortsetzung, die bald nach dem Tode Heinrichs I. verfasst sein muss. Jedenfalls ist der Verfasser der Fortsetzung mit dem Verfasser der „additamenta ad historiam Normannorum", welche dem Guillelmus beigefügt sind (p. 315 — 317) identisch, denn die additamenta knüpfen unmittelbar (durch ihren ersten Satz) an das 8. Buch an. Nun aber ist es wegen der am Schlusse der additamenta von Richard II. erzählten, auf die Klöster von Fécamp und Jumiéges bezüglichen Anecdoten sehr wahrscheinlich, dass der Schreiber der additamenta Mönch in einem der beiden Klöster war, wo dann die grössere Wahrscheinlichkeit wohl für Jumiéges sprechen würde. Es wäre also dann der Fortsetzer des Guillelmus ein Mönch zu Jumiéges gewesen, der zu ihm vielleicht noch in persönlichen Beziehungen gestanden hatte, vielleicht sein Schüler gewesen war. 2) Die erste Erweiterung, durch welche die von Benoît mit bearbeiteten, also vor Benoît in den Text eingeschobenen Zusätze entstanden sind. 3) Die zweite Erweiterung, welcher wir alle übrigen, von Benoît nicht berücksichtigten, also wohl auch erst nach Benoît verfassten Zusätze zu verdanken haben. Beide Erweiterungen sind zum grossen Theile wenigstens — denn von mehreren Zusätzen ist es allerdings sehr zweifelhaft — in dem berühmten Kloster zu Bec, der Wirkungsstätte Lanfranc's und Anselms vorgenommen worden.

Die Darstellung des Guillemus ist im Vergleich zu derjenigen des Dudo schon in Folge des Verhältnisses, in welchem der erstere zu dem letzteren steht, um vieles knapper und präciser, wie auch die oben (p. 15) citirten Urtheile des Ordericus beweisen, obwol auch

---

*) Eine eingehendere und detaillirtere Kritik der letzten Bücher des Guill. behält sich der Verf. an einem anderen Orte zu geben vor.

sein Styl nicht selten an Schwulst und Ueberladung leidet; es scheint sich Guillelmus im Gegensatze zu Dudo mehr die lateinischen Historiker, wie Sallust und Cäsar, zu Vorbildern gewählt zu haben. Das Geschichtswerk des Guillelmus hat vor dem des Dudo den Vorzug einer grösseren Uebersichtlichkeit voraus und eignet sich deshalb mehr als jenes zur Benutzung bei historischen Studien. — Von dem Vorwurfe einer unwürdigen Schmeichelei muss auch Guillelmus betroffen werden, wenn gleich nicht in dem Maasse, wie sein Vorgänger Dudo oder seine reimenden Nachfolger. — Die Literatur über Guillelmus Gemmeticensis findet man ebenfalls von Michel am bereits (p. 14) citirten Orte p. VI. verzeichnet. Ueber den dritten hier allenfalls in Betracht kommenden normannischen Geschichtsschreiber Guillelmus Pictaviensis (Wilhelm v. Poitiers), den Biographen und Kaplan Wilhelms des Eroberers, enthalten wir uns hier jeder Notiz, sondern verweisen auf die ihn betreffenden und völlig ausreichenden Stellen bei Ordericus Vitalis, lib. III, extr. (p. 503 D) und lib. IV, Jahr 1070 (p. 521 C) und bei Guillelmus Gemmeticensis (oder vielmehr dessen Fortsetzer) lib. VII, cap. 44 (p. 291 D). — Ebenso würde es uns zu weit führen, das Leben und das Geschichtswerk des Ordericus Vitalis auch nur kurz besprechen zu wollen (vgl. über ihn Michel a. a. O. p. VIII — X).

Wenn wir nun endlich zu unserer Vergleichung selbst kommen, so wird es sich hierbei empfehlen, den Stoff nach den einzelnen Büchern des Guillelmus oder, was dasselbe ist, nach den Regierungen der einzelnen Fürsten anzuordnen. Bis zum Tode Richards I. mit welchem Dudo sein Werk abbricht, werden wir übrigens nicht nur den Wace mit dem Dudo und Guillelmus, sondern auch den Guillelmus mit dem Dudo vergleichen müssen, um in den einzelnen Fällen entscheiden zu können, welchem von beiden Wace vorzugsweise gefolgt ist, abgesehen davon, dass diese Vergleichung auch an sich von Interesse ist, da ja Guillelmus, wie wir schon oben (p. 15) erwähnten, die Berichte des Dudo zuweilen verbessert und vervollständigt hat.

I. Geschichte der Normannen vor Rollo.

1. Vergleichung zwischen Guillelmus (lib. I) und Dudo (lib. I, p. 62—67).

Im ersten Cap. gibt Guillelmus eine Einleitung zu dem ganzen Werke und speciell zu dem ersten Buche, in welcher er in schwülstiger Sprache den blühenden Zustand der Kirche — denn man vergesse nie, dass der Autor ein Geistlicher ist! — unter den Frankenkönigen schildert. „Unter jenen Fürsten", sagt er, „trug der Weinberg Christi, üppig sprossend, unzählige Zweige der Gläubigen, und aus ihm zogen zahllose Heerden (ovilia) der Mönche aus, wie Bienen aus ihren Körben, und trugen aus den verschiedenen Veilchen (sic!) der Welt den Honigseim in die himmlischen Sitze." (p. 216 C).

Nur die Bruderkriege der Söhne Karls d. G. fährt der Verfasser nach dieser emphatischen Schilderung sehr richtig fort, haben Frankreich schwach gemacht und zum Einfalle der Barbaren günstige Gelegenheit geboten. Zu dieser Zeit hätten denn auch die Heiden unter Bier Eisenseite, dem Sohne des Königs Lothroc, und Hasting, „dem verruchtesten aller Heiden", die Küsten verwüstet, Städte zerstört und Abteien verbrannt. Ehe nun Guillelmus nach dieser Einleitung, die ihm ganz eigenthümlich ist und gewiss nur Ehre macht, zur Geschichte dieses normannischen Einfalles übergeht, gibt er in den folgenden Capiteln (2, 3 u. 4) einen kurzen Abriss der Geographie, soweit sie die Insel Scanza und Dacien, die Heimathsländer der Normannen betrifft, und einen eben solchen von der Urgeschichte der Dacier (denn so werden die Normannen ihrer angeblichen Abstammung wegen bei Guillelmus und Dudo oft genannt). Die geographischen, sehr an Unklarheit leidenden Notizen sind aus Dudo p. 62 B — C entnommen (original ist nur das Citat aus Augustin. de civit. Dei XVI), dagegen ist die in Capp. 3 u. 4 erzählte Urgeschichte der Normannen von der bei Dudo (p. 62 C u. D) gegebenen beträchtlich verschieden. So erfahren wir nur von Guillelmus die Abstammung der Gothen von Japheths Sohne Magog (aus dessen zweiter Namenssylbe der Name Gothi entstand) und die Genesis des Amazonenreiches (Cap. 3); nur Guillelmus erwähnt ferner die Auswanderung eines gothischen Stammes aus der Insel Scanza, seine Niederlassung in Dänemark, die hohe Entwickelung der gothischen Cultur (omnibus barbaris Gothi semper extiterunt sapientiores Graecisque ferme consimiles p. 218 B) und die Abstammung der Trojaner von den Gothen; durch die letztere Annahme werden die Normannen, die ja auch nach Dudo (p. 88 B) ursprünglich nach Europa übergesiedelte Trojaner unter der Herrschaft Antenors und Danaus' waren, in eine bei Dudo fehlende (oder wenigstens nur unklar angenommene) Verbindung mit den Gothen gebracht. Die ganze Darstellung dieser fabelhaften Vorzeit ist bei Guillelmus weit lichtvoller, als bei Dudo. Eine nur scheinbare Abweichung zwischen beiden Schriftstellern ist es wohl, wenn Dudo (p. 62 D) die Gothen den Gott Thur, Guillelmus (p. 218 B) den Gott Mars durch Menschenopfer verehren lässt. Im fünften Capitel beginnt nun Guillelmus die Geschichte des ersten grossen Normanneneinfalles in Frankreich und er gibt diese ausführlicher als Dudo, zum Theil auch in abweichender Weise. Im 5. Cap. selbst wird berichtet, wie Bier, der Sohn des Königs Lothroc, wegen Uebervölkerung des Landes aus dem Reiche vertrieben, mit seinem Lehrer (paedagogus), dem wilden Hasting, auf Abenteuer ausziehen muss. Dudo kennt den Bier gar nicht und betrachtet (p. 63 B) Hasting selbst als Führer der Normannen, was er der That nach auch bei Guillelmus ist. In den Capp. 6—8 werden nun die einzelnen Raubzüge der Normannen unter Hasting in den französischen Küstenländern erzählt, und hier ist Guillelmus viel vollständiger als Dudo, denn, während der letztere (p. 63 C—64 A init.) nur die Zerstörung des Klosters von St. Quentin und der Kirchen in Vermandois überhaupt und die Ermordung des Bischofs Enno berichtet, erzählt der erstere noch die Normannenzüge nach Rouen, Orleans, Paris, Nantes, Poitou, Anjou, Auvergne, Saintonge, Angoulème etc. Die Capp 9 u. 10 — beide von sehr mässiger Länge — haben die abenteuerliche Eroberung der italienischen Stadt Luna zum Gegenstande; hier steht Guillelmus entschieden gegen Dudo zurück, welcher dieselbe Begebenheit weit detaillirter und anschaulicher erzählt (p. 64 A — 65 C extr.) Im 11. und letzten Capitel des ersten Buches endlich wird der Tod Biers und die feste Ansiedelung der Normannen unter Hasting in Frankreich berichtet. Die erstere Begebenheit kann Dudo, da er den Bier überhaupt nicht kennt, natürlich nicht erwähnen, über das zweite Ereigniss erstattet er etwas ausführlicher Bericht (p. 66 B — D extr.) Wie wir gesehen haben, spielt Guillelmus in diesem ersten Buche (wenn man von Cap. 2 absieht) durchaus nicht die Rolle eines Excerpisten, sondern hat den ihm mit

Dudo gemeinschaftlichen Stoff in sehr selbständiger Weise behandelt und auch vieles Neue hinzugefügt — ein Beweis, dass gerade für diesen Theil der normannischen Geschichte zu Guillelmus' Zeit eine reichlicher fliessende Quelle*), vorhanden war.

2. Vergleichung des Wace mit Dudo und Guillelmus.

Dem ersten Buche bei Dudo und Guillelmus entspricht im Roman de Rou der erste, 750 Achtsylbler zählende Theil, welcher eine Einleitung zu dem ganzen Werke bildet. Nimmt der erste Theil schon hierdurch im Vergleich mit den übrigen beiden eine eigenthümliche Stellung ein, so wird diese Sonderstellung noch vermehrt durch das Verhältniss, in welchem er zu den sonstigen Hauptquellen des Roman de Rou sich befindet. Wace bewegt sich nämlich in diesem Theile mit grosser, sonst ungewohnter Selbständigkeit und Originalität, wenn sich auch nachweisen lässt, dass er den Guillelmus benutzt hat. Die ersten 94 Verse bilden einen Prolog, in welchem sich der Dichter in wirklich recht poetischer Weise über den Werth der Geschichtsschreibung verbreitet: es ist dies ohne Frage die ästhetisch schätzbarste Parthie des ganzen umfangreichen Gedichtes. Sodann folgt von V. 94—154 eine Art vorläufiger Inhaltsangabe, ein Summarium des im Folgenden ausführlicher Erzählten. Die in VV. 95—113 aufgestellte Etymologie des Namens „Normannen" stimmt mit der von Guillelmus (lib. I. c. 4 p. 218 B) gegebenen überein, doch lag sie für jeden des Englischen Kundigen — und ein solcher war Wace (vgl. p. 9) — so nahe, dass sie Wace auch selbständig gefunden haben kann. Auffallend ist in V. 123 die Erwähnung des Volkes der Ortenoiz, da unseres Wissens kein anderer Historiker desselben gedenkt. Die VV. 157—207 berichten die Abstammung der Dänen (Danaër) von den Trojanern, die geographische Lage des Dänenreiches und der benachbarten Länder, und die dem Gott „Tur" dargebrachten Menschenopfer, sie entsprechen somit den Capp. 2 u. 4 bei Guillelmus, während der Inhalt des 3ten Cap. nicht reproducirt erscheint. Die geographischen Notizen (V. 171—189) sind, soweit es die Dunkelheit der Darstellung zu beurtheilen erlaubt, mit denen des Dudo (p. 62 C) und Guillelmus (Cap. 2) identisch, müssen also wohl auch auf diese als die ursprünglicheren zurückgehen. Den Bericht von den Menschen-

---

*) Sollten wir vielleicht an eine alte epische Dichtung denken?

opfern (V. 190 — 207) gibt Wace mit grosser Selbständigkeit und ziemlicher Ausführlichkeit, sollte er doch von einer seiner Hauptquellen ausgegangen sein, so würde der Göttername Tur auf Dudo (p. 62 D) hinweisen. Mit V. 208 beginnt nun die eigentliche Geschichte und hiermit auch ein engerer Anschluss an Guillelmus. In den VV. 208 bis 459 werden die Auswanderung der Normannen unter Bier und Hasting aus Dänemark und ihre Raubzüge in Frankreich erzählt, entsprechend den Capp. 5 — 8 bei Guillelmus; eingeschoben ist in diese Erzählung eine kurze Darlegung der französischen Geschichte von der Theilung des Reiches durch Ludwig den Frommen bis zur Schlacht bei Fontenaille (V. 284 — 317), womit das 1te Capitel bei Guillelmus zu vergleichen ist. Die Erzählung von der Auswanderung der Normannen (V. 208 — 266) stimmt völlig mit der des Guillelmus (Schluss des Cap. 4 u Cap. 5) überein und ist derselben augenscheinlich nachgebildet. Dagegen berichtet Wace die Raubzüge der Normannen (V. 267 — 283, 318 — 457) weit detaillirter, als Guillelmus (Capp. 6—8). Um dies zu beweisen, geben wir hier ein Verzeichniss der Landschaften, Städte und Oertlichkeiten, welche die Normannen nach Guillelmus' und Wace's Berichten auf ihren Zügen verwüsteten oder doch berührten. Nach Guillelmus waren dies folgende:

Portus Virmandensis, Monasterium St. Quintini (Noviomensis episcopus Emmo trucidatur), Sequanica ora, Gemmeticum, Sequanae alveus, Rotomagum, Neustria pertingens a Genabensi urbe Lutetiam usque Parisiorum, Coenobium St. Florentii, urbs Nannetica, Andegavensis regio, Pictavorum regio et urbs, Turonum civitas, urbs Aurelianensis, Parisii, Belvagus, Noviomagum, Arvernum, Pictavis, Sanctonum, Engolisma, Petragoricum, Lemovicas, Avaricum.

Von Wace hingegen werden folgende Städte etc. namhaft gemacht, von denen wir zur leichteren geographischen Orientirung so weit als möglich die neufranzösische Namensform geben: Ufer der Somme. Ponthieu, Vimeu und Amiénois, Klöster der Vermandois, die Kirchen von St. Quentin, St. Medardus und St. Martin, Noyon (Mord des Bischofs Emmo), Abtei zu Fécamp, Abtei zu Jumiéges, Rouen, Umgegend von Paris. Normandie und Bretagne, Cotentin, Abtei von Ham, Abtei von St. Marcof, Nantes, Revonminic (jetzt unbekannt), Abillant (vielleicht Barfleur), Schloss von Garillant (von ungewisser Lage), Abtei von Visaire (jetzt Licornet bei Barfleur), Méliant, Latolette und St. André (zwei jetzt unbekannte Orte in Cotentin), Bruschamport, Paillart (jetzt unbekannt), Montebourg, Schloss von Cherbourg, die Inseln Aurigny, Guernesey und Cers oder Sark, Erin (unbekannter Ort), die Insel Jersey und das gegenüberliegende Ufer der Bretagne, die Bretagne, St. Florent, Tourraine, Tours, Orléans, Anjou, Auvergne und Poitou.

Vergleicht man diese beiden Verzeichnisse, so sieht man leicht, dass Wace in seinen Angaben weit genauer ist, als Guillelmus und die Normannen Schritt für Schritt auf ihren Zügen verfolgt.

Aber trotzdem hat Wace auch hier den Guillelmus nicht unbenutzt gelassen: dies beweist der Umstand, dass er, als er die Zerstörung von Jumiéges berichtet, auch die Gründung dieser Abtei durch den heil. Philibert und die Königin Bathilde erzählt (V. 334 — 349), ganz wie es Guillelmus gethan hatte (p. 219 A u. B), denn welchen Grund sollte Wace, für den Jumiéges kein weiteres Interesse haben konnte, zu dieser Abschweifung sonst gehabt haben, als den Vorgang des Guillelmus?

In der Eroberung von Luna, deren Erzählung nun folgt und die VV. 458—730 einnimmt, ist Wace sowohl von Guillelmus als auch von Dudo unabhängig, denn der erstere berichtet das merkwürdige Ereigniss nur kurz und in summarischer Weise (Capp. 9 u. 10), und der letztere gibt davon zwar (p. 64 A — 65 D) eine sehr ausführliche und anschauliche, aber in mehreren Punkten von der Wace'schen abweichende Erzählung. So wird die Prophezeihung des Chorknaben in Luna nur von Wace berichtet (V. 498—521), während hinwiederum die Rede, welche Dudo den Gesandten Hasting's vor dem Grafen und Bischof von Luna halten lässt (p. 64 B), bei Wace sich nicht findet. In den hierauf folgenden Schlussversen des ersten Theiles (V. 731 bis 750) wird die Rückkehr der Normannen nach Frankreich, das fernere Schicksal Bier's und die Ansiedelung Hasting's in Chartres berichtet; dieselben Ereignisse also, wie im 11. Cap. des Guillelmus und nur mit der Abweichung, dass Wace den Bier nach Scythien (Scire) oder Ungarn ziehen lässt (V. 738), während er dem Guillelmus zufolge nach Friesland zog und dort umkam.

Fragen wir nun, wie sich die bemerkte grössere Unabhängigkeit des Wace von Dudo und Guillelmus in diesem ersten Theile erklären lasse, so müssen wir darauf antworten, dass Wace hier allerdings auch noch andere Quellen benutzt zu haben scheint — namentlich muss dies bei den Details über die Raubzüge der Normannen der Fall gewesen sein —, dass er aber auch gerade hier der mündlichen Tradition viel zu verdanken gehabt hat. Man zeihe uns, wenn wir diese Meinung aufstellen, nicht der Inkonsequenz, denn der Widerspruch mit dem p. 8 von uns Gesagten ist nur ein scheinbarer und wir behaupten hier noch eben so entschieden, wie an jener Stelle, dass sich eine Geschichte nicht nach mündlicher Tradition schreiben lässt.*)

Aber die Ereignisse, welche uns Wace im ersten Theile erzählt, gehören nur zur kleineren Hälfte der Geschichte, zur weitaus grösseren der Sage an. Es ist dies eine Thatsache, welche bewiesen werden kann, welche aber hier zu beweisen uns allzu weit führen würde (vgl. le Prevost, Anm. zu V. 235 und 283); wir begnügen uns, daran zu erinnern, dass uns kein Zeugniss eines zeitgenössischen Geschichtsschreiber's über die Raubzüge Hasting's vorliegt, denn der dem Abte Odon (-|- 942) zugeschriebene „tractatus de reversione B. Martini a Burgundia", auf den man sich sonst zu berufen pflegte, ist in seiner Unächtheit längst nachgewiesen (vgl. le Prevost zu V. 208) Wace hat nun die Unsicherheit der geschichtlichen Grundlage, auf welcher er in diesem Theil fusste, gewiss empfunden, und um so weniger Bedenken getragen, hier einiges aus der über die graue Vorzeit stets am reichlichsten strömenden Quelle der Tradition und Sage zu schöpfen, als seine Vorgänger Dudo und Guillelmus offenbar das Gleiche gethan hatten und thun mussten. Dass Wace übrigens die Tradition doch nur sehr mässig ausgebeutet hat, wird die Vergleichung mit den Quellen gezeigt haben, und es ist dies eine Enthaltsamkeit, welche der Freund der Sagengeschichte und Volkspoesie nur beklagen kann.

Wo Wace nicht der mündlichen Tradition gefolgt ist, waren seine Hauptquelle die Historiae des Guillelmus; es wird dies schon durch das Auftreten Bier's (den Dudo ja gar nicht kennt) hinlänglich bewiesen (vgl. auch p. 23). Dagegen lässt sich für diesen Theil eine Benutzung des Dudo gar nicht nachweisen, man müsste denn die Erwähnung des Götternamens Tur als Beweis dafür gelten lassen (V. 193).

*) Eine merkwürdige Ausnahme von dieser Regel bilden allerdings die nordischen Saga's.

II. Geschichte des Herzogs Rollo [Robert]
(reg. 911—931).
1. Vergleichung zwischen Guillelmus (lib. II.) und Dudo
(lib. II. p. 69 C—86 C).

Die ersten acht Capitel im zweiten Buche des Guillelmus sind — seltsam genug — eine wörtliche Copie des entsprechenden Theiles von Dudo's zweitem Buche (p. 70 A — 75 C) mit einziger Auslassung der einleitenden Paragraphen (p. 69 C u. D), der Apostrophen und hier und da, besonders in den Reden, einzelner Sätze. Eigenthümlich ist dem Guillelmus in diesem ganzen langen Abschnitte nur der erste Satz des ersten Capitels (p. 221C). Vom 9. Capitel an bis zum Schlusse (Cap. 22) gibt uns Guillelmus einen Auszug aus Dudo, indem er die ausführlichen Erzählungen desselben summarisch zusammenfasst, namentlich die langen Reden, welche Dudo (nach dem Beispiele der römischen Historiker) mit Vorliebe anzubringen pflegt, entweder ganz streicht oder doch äusserst kürzt. Um ein Bild von der Verfahrungsweise des Guillelmus zu erhalten, vergleiche man z. B. Cap. 13 (Zug Rollo's nach England zur Unterstützung des Königs Athelstan) mit Dudo p. 78 A — 79 B, oder Cap. 17 (Friedensabschluss zwischen Rollo und dem Könige Karl) mit Dudo p. 81 D — 84 B, oder auch Cap. 16 mit Dudo p. 81 A—D. Dass wir es trotzdem hier mit einem Auszuge aus Dudo, nicht etwa mit einer selbständigen, nur kürzer gefassten Erzählung zu thun haben, beweisen zahlreiche bei beiden Schriftstellern völlig identische Sätze. So wird z. B. der Satz Dudo's (p. 77 B): Rotlandus signifer Ragnoldi cum acie quam praeibat exercituum violenter per aditum mirae prolixitatis amplum super eos inruit et debellare eos coepit. Daci vero exsurgentes etc. wörtlich von Guillelmus Cap. 10 p. 228 C wiederholt. — Unabhängig von Dudo erzählt Guillelmus nur folgende Ereignisse: 1. Die plötzliche Abreise Hasting's aus Frankreich (Cap. 11). 2. Die Anecdote von den goldnen Armbändern, welche Rollo am See Mara aufhing, um die Ehrlichkeit der Bevölkerung zu prüfen (Cap. 20) und 3. die Wiedervermählung Rollo's mit der Popa (Cap. 22). Nur von Guillelmus erwähnt wird auch eine Tochter Rollo's von der Popa, Namens Gerloc (Cap. 12 vgl. Dudo p. 77 D). — Die einzelnen Capitel bei Guillelmus entsprechen folgenden (Seiten)abschnitten bei Dudo:

Guillelmus, cap. 9 = Dudo p. 75 C extr. — 76 C init.
„   „   10 =   „   - 76 C init. — 77 B extr.
„   „   11 ist ohne Entsprechung bei Dudo.
„   „   12 = Dudo p. 77 B extr. — D extr.
„   „   13 =   „   - 78 A — 79 B extr.
„   „   14 =   „   - 79 B extr. — D extr.
„   „   15 =   „   - 80 A — D init.
„   „   16 =   „   - 81 A — D.
„   „   17 =   „   - 81 D — 84 A extr.
„   „   18 =   „   - 84 A extr. — 85 A extr.
„   „   19 =   „   - 85 A extr. — B med.
„   „   20 =   „   - 85 B med. — 86 A init.
„   „   21 =   „   - 86 A init. — B med.
„   „   22 =   „. - 86 B med. — C.

2. Vergleichung des Wace mit Dudo (V. 751—2061) und Guillelmus.

Es kann die Frage sein, ob Wace in der Geschichte Rollo's, mit welcher für ihn das Gebiet der positiven Geschichte beginnt (vgl. V. 752: là comence l'estoire), mehr dem Dudo oder dem Guillelmus gefolgt sei.*) Die grössere Wahrscheinlichkeit spricht unbedingt für Dudo, da er sowohl seiner grösseren Ausführlichkeit als auch seines höheren Alters wegen einen bedeutenden Vorzug vor Guillelmus besitzt. Um diese Wahrscheinlichkeit zur bewiesenen Gewissheit erheben zu können, wird man eine Anzahl von Thatsachen zusammenstellen müssen, welche nur von Dudo und Wace erwähnt, von Guillelmus dagegen übergangen werden, folglich von Wace (wenn er überhaupt den Dudo und Guillelmus als Quellen benutzt hat, was wir als bewiesen voraussetzen) nur dem Dudo entlehnt sein können.

Wir haben folgende derartige Thatsachen gefunden: 1) Die Aufforderung der normannischen Barone an Rollo, in Rouen zu bleiben (V. 1200—208 vgl. mit Dudo p. 76 B u. C). Guillelmus gibt hiervon nur eine kurze Andeutung (Schluss des 9. Cap.). 2) Die Unterredung zwischen Reinault, Hasting und Roland (V. 1264—73 übersetzt aus

---

*) Natürlich kann hier nur der Inhalt der Cap. 9—22 des Guillelmus in Betracht kommen.

Dudo p. 77A). 3) Die Ansprache Rollo's an sein Heer (V. 1301 bis 1304 vgl. Dudo p. 77B). 4) Das Misslingen der ersten normannischen Belagerung von Bayeux, indem der Normannengraf Botho gefangen genommen wurde und für seine Befreiung von Rollo ein einjähriger Waffenstillstand bewilligt werden musste (V. 1334—388 vgl. mit Dudo p. 77 D). Nach Guillelmus wurde Bayeux sogleich beim ersten Sturme erobert (Cap. 12). 5) Die Aufforderung Rollo's an die Pariser zur Uebergabe vor seinem Abzuge nach England (V. 1368—79 vgl. mit Dudo p. 78 B). 6) Die Besiegung der englischen Rebellen durch Rollo (V. 1370—1425 vgl. mit Dudo p. 78 B med.—79 B extr.). Guillelmus berichtet dies Ereigniss zwar gleichfalls, aber mit der grössten Kürze in sieben Zeilen des 13ten Capitels. Dagegen stimmt Wace hier mit Dudo auch in den Einzelheiten überein. So erzählen beide an derselben Stelle, dass Rollo ein Schwert besessen habe, dessen Griff golden und zwölf Pfund schwer gewesen sei.*) (V. 1412—414 vgl. mit Dudo p. 79 A extr.); so sind ferner die Verse 1417—19:

S'il a en vostre terre nul hom combatant
Ki voil à mei venir, mielx ke il n'a quérant
Otréiez k' il vienge

eine deutliche Uebertragung von Dudo's Worten p. 79 B: tantum te deprecor, ut qui me sequi maluerint non prohibeas eis. 7) Der Aufstand des Landvolkes gegen Rollo (V. 1505—563 vgl. mit Dudo p. 79 D extr.—80 A). Allerdings ist Wace hier weit ausführlicher, als Dudo, aber seine Zusätze enthalten kein neues Factum, sondern spinnen nur Dudo's Angaben weiter aus und fügen Reflexionen hinzu, man lese z. B. V. 1536—40. Dass der Dudo als Original vorgelegen hat, beweisen mehrere Parallelstellen, wie V. 1516:

Rou esgarde trez li, si vit la pudre lever,

zu vergl. mit Dudo p. 80 init.:

Rollo autem respiciens vidit aerem pulverulentum.

Auch die VV. 1522—25:

Nostre gelde è nos homes fetes avant haster,
(E la preie cachier è li somiers mener)
Cels ki sont a cheval fetes avant monter, (d. i. promptement monter)
El feréiz saroa nos bien lequel est ber.

sind, obwohl V. 1523 ein selbständiger Zusatz ist, doch wohl nur die

---

*) Das „dis livres" in V.1413 ist gewiss in „douze livres" zu emendiren.

Nachdichtung von Dudo's Worten (p. 80 A): pedites nostri celeriter viam petant, equites nobiscum remaneant, ut videamus, cujus fortitudinis sint, qui nos perdere volunt. 8) Die Einschliessung der Normannen durch die Franzosen auf einer Anhöhe bei Chartres, ihr nächtlicher Ausfall und ihre Verschanzung mittelst der Leichen geschlachteter Thiere (V. 1687—1804 vgl. mit Dudo p. 81A—D). Auch Guillelmus erzählt zwar diese Ereignisse in Cap. 16, aber so kurz, dass Wace ihm nicht gefolgt sein kann.

Durch die angeführten Thatsachen wird, wie wir glauben, bewiesen, dass in diesem Theile des Roman's (dem eigentlichen Roman de Rou) Dudo und nicht Guillelmus die Hauptquelle für Wace gewesen ist.

Trotzdem hat aber Wace neben Dudo auch den Guillelmus benutzt, denn er erzählt die schnelle Abreise Hasting's (V. 1276) und die Wiedervermählung Rollo's mit der Popa (V. 2037) — Ereignisse, deren, wie wir oben (p. 25) sagen, nur Guillelmus gedenkt. Vielleicht ist auch die Anecdote von dem Landmanne zu Long-Paon (V. 1984 bis 2035) nach Guillelmus (Cap. 20) und nicht nach Dudo (p. 85 B bis D extr.) gedichtet, wenigstens entspricht der Ausspruch Rollo's bei Wace (V. 2027):

De la buche meisme as jugié la lei

ganz den Worten bei Guillelmus (p. 232 C): tuum os te condemnat.*) Ausserdem deutet noch manches Andere, wie z. B. das Nichterwähntwerden des Erzbischofs Franko auf eine Mitbenutzung des Guillelmus durch Wace hin.

Durch das eben Erörterte dürfte, wenigstens was diesen Theil des Roman's anlangt, auch der oben (p.10) versprochene speciale Beweis dafür gegeben sein, dass Dudo und Guillelmus wirklich die Hauptquellen des Wace gewesen sind. Es wird aber dieser Beweis durch zwei Umstände noch unwiderleglicher gemacht Nicht genug nämlich, dass Wace nur die von Dudo und Guillelmus berichteten Thatsachen erzählt und ihnen, mit wenigen und sehr unwesentlichen Ausnahmen, keine einzige neue hinzufügt, so erzählt er diese Thatsachen auch genau in der von Dudo — denn Guillelmus kommt als Excerpist hierbei gar nicht in Betracht — aufgestellten Ordnung, ein Verfahren, dessen Wichtigkeit für die Kritik wir p. 5 her-

---

*) In den additamentis zu Guillelmus wird dieselbe Anecdote noch einmal erzählt, aber in die Zeit Richards II. verlegt (p. 316 C).

vorgehoben haben. Nur zweimal wird diese Ordnung unterbrochen, einmal nach V. 1275, wo Wace aus Guillelmus (Cap 11) die Erzählung von der Abreise Hasting's einschiebt (füglicher wäre dies nach V. 1309 geschehen), und das zweite Mal am Schlusse dieses Abschnitts, wo zuerst die Hinrichtung der beiden französischen Ritter, welche heimlich bei der Gisela verweilten, und darauf erst die Anecdote von dem betrügerischen Ehepaare zu Long-Paon erzählt wird, während Dudo die umgekehrte Reihenfolge beobachtet. Der zweite wohl nicht weniger beweiskräftige Umstand besteht darin, dass sich bei Wace nur dieselben beiden Jahresangaben wie bei Dudo [und Guillelmus] finden: die Angabe des Jahres 876 als das der Ankunft Rollo's in die Normandie (V. 1143, im Texte steht seisante sis, es ist aber dafür offenbar settante sis zu schreiben, vgl. le Prevost's Anmerkung) [cf. Dudo p. 75 C extr.], und die Angabe des Jahres 912 als das Jahr der Taufe Rollo's (V. 1919 vgl. Dudo p. 84 C).

Aber freilich, wenn Wace auch sich streng an die von Dudo gegebene Ordnung der Erzählung bindet und seinem Vorgänger Schritt auf Schritt folgt, so muss doch zugegeben werden, dass er sich innerhalb der durch einen Inhaltsabschnitt gebildeten Schranken sehr frei bewegt, wie dies ja die Gewohnheit fast aller mittelalterlichen Bearbeiter eines Originalwerkes ist (vgl. p. 11). So legt denn Wace die Berichte seines Gewährsmannes förmlich in ein Prokrustesbett, indem er an ihnen bald die Operation des Erweiterns, bald die des Kürzens vornimmt, meist jedoch die erstere. Interessant ist es hierbei zu beobachten, wie einzelne Sätze, ja Worte Dudo's von Wace einen ganzen Commentar erhalten. Wir geben hiervon, da wir ohnehin im Anfange dieser Vergleichung ausführlicher sein wollen, einige Beispiele. Nachdem Dudo die Niederlage von Chartres berichtet hat, erzählt er weiter (p. 81 D): „Rollo vero ita exagitatus, furiis bacchatus coepit totam terram vastare et delere atque incendio concremare. Ilico omnis salus conclamatur fiduciaque vivendi non reperitur, publica res adnihilatur Ecclesiaeque desertae habentur." Wace führt dies nun (V. 1801 bis 814) folgendermassen aus:

    Dez ke Rou ont ensemle tuit sis homs recoilliz
    E il ont li malades e li nafrez gariz,
    De guerre a li Francheiz durement envaïz
    E li Normannz od li, ki mult les ont haïz.
    Li plainz païz wasterent de Bleiz trez k'à Sainliz,
    Li homes ont ocis e li aveirs raviz;

N'i remaint borc à fraindre, ki tant fust bien garniz,
Se il ne fust bien cloz de murz u de paliz.
Des homes véissiez merveillos tuciz;
N'en ont nule pitié plus ke leu de berbiz,
Tuent joenes è viez, tuent granz è petiz:
Veuves font li moilliers orfelinz font li fiz
E porgiesent li Dames joste lor mariz.

Unmittelbar hierauf berichtet Dudo, dass die „Franken" dies Landeselend nicht länger ertragen könnten und ihren König um Abhilfe gebeten hätten. Dem Wace war dieses „Franci" zu allgemein gehalten und er detaillirt es daher (V. 1815 u. 16) durch:

Li Eveskes de France è li bon ordené
Li Baron è li Conte, li viel è li poiz né.

Als Beispiele einer eigentlichen, mehr sachlichen Erweiterung führen wir an: den Kampf Rollo's mit dem aufständischen Landvolk (V. 1505—563 vgl. mit Dudo p. 79 D extr. — 80 A) und die Niederlage der Normannen bei Chartres (V. 1572—1651 vgl. mit Dudo p. 80 B). Eine Kürzung des Dudo'schen Berichtes erlaubt sich Wace, wie schon bemerkt, viel seltner, aber er erlaubt sie sich doch. So wird der Rath der normannischen Barone, Rollo möge die Friedensanerbietungen des französischen Königs annehmen, von Dudo in einer längeren Rede entwickelt (p. 82 C u. D), von Wace dagegen nur mit dem Verse (1894) angedeutet:

(Rou) par conseil de sis homs li triefves li acorda.

Abweichungen zwischen Wace und Dudo finden sich folgende:
1) Nach Wace war es der Körper des heil. Arnulf (V. 1152), nach Dudo der Körper der heil. Ameltrude (p. 75 D), den Rollo der Kapelle St. Vedastus zu Jumiéges weihte. Vielleicht erklärt sich dieser Widerspruch dadurch, dass die genannte Kapelle die Leiber beider Heiligen (wenigstens angeblich) besass und die Tradition nicht bestimmt angab, welcher von beiden von Rollo geschenkt worden sei. Da übrigens Guillelmus, der als Mönch von Jumiéges hierüber am besten unterrichtet sein musste, mit Dudo übereinstimmt (Kapitel 9), so dürfen wir dessen Angabe auch für die richtige halten. 2) Nach Wace (V. 1173) landete Rollo zu Rouen mit seiner Flotte im Hafen von St. Morin, nach Dudo (p. 76 A) am Thore bei der Kirche des heil. Martin (vgl. le Prevost zu dieser Stelle). 3) Wace nennt den Bischof von Evreux, welcher vor den Normannen entfloh „Isembart" (V. 1354).

Dudo dagegen „Sebar" (p. 77 D). Wahrscheinlich ist Sebar nur eine Verstümmelung des altnordischen Namens Isembart. 4) Wace erzählt (V. 1106—142) die Loskaufung des Grafen Raignier durch seine Gemahlin auf eine etwas andere, für Rollo günstigere Weise, als Dudo (p. 75 A — C). 5) Nach Wace (V. 1900—905) war es Rollo selbst, der den König beim Fusskusse rückwärts zu Boden warf nach Dudo (p. 84 A) beging ein Soldat, der Rollo's Stelle vertreten sollte, diese Rohheit.

Auf das Unwesentliche dieser Abweichungen brauchen wir nicht erst hinzuweisen.

Als Zusätze' des Wace sind folgende von ihm erzählte Begebenheiten und Angaben zu bezeichnen: 1) Die Wahl Rollo's zum Führer (Herzog) der Normannen (V. 1174—179), die er an dieser Stelle höchst unpassender Weise berichtet; indessen macht es dieser Umstand erklärlich, dass bei der später folgenden Unterredung zwischen Ilasting und Rollo (V. 1230—1251) die schöne Stelle des Dudo, worin sich die Normannen als unter einander gleichmächtige Männer bezeichnen („aequalis potestatis sumus" p. 76 D) unübersetzt gelassen wird. 2) Die Recognoscirung von Evreux und Lisieux durch die Normannen (V. 1319). 3) Die Angabe des Verlustes der Normannen in der Schlacht von Chartres (V. 1693). 4) Die Erblindung Rollo's auf der Flucht (V. 1693), ein Ereigniss, welches durch ein „pluséors distrent" ausdrücklich als sagenhaft bezeichnet wird (vgl. p. 2). 5) Die Angabe der Begräbnissstätte Rollo's (V. 2058).

Seltsam ist es, dass Wace nichts von dem Seesturme erzählt, den Rollo auf der Fahrt von England nach Walchern erlitten und durch ein Gebet beschwichtigt haben soll (Dudo p. 73 D extr. — 74 B. Guillelmus Kap. 7, die Erzählung wäre nach V. 1050 einzuschieben); noch seltsamer aber, dass Wace als ein Geistlicher nichts von den reichen Schenkungen berichtet, welche der Katechumene Rollo der normannischen Kirche machte (Dudo p. 84 D — 85 A extr. Guill. Kap. 18). Man möchte bei diesen Auslassungen fast an Lücken unserer Handschriften glauben. In merkwürdiger Abweichung befindet sich der Inhalt der Verse 1814—1900 von dem Berichte des Dudo: bei Dudo (p. 82 A) bitten die französischen Barone den König um Abtretung der Normandie und Verheirathung der Princessin Gisela an Rollo, bei Wace theilt der König selbst den Baronen — allerdings auf ihr Drängen — diese Massregeln vorschlagsweise mit.

(V. 1845 — 861); nach Dudo ferner spielen noch nach dem Abschlusse eines vorläufigen dreimonatlichen Waffenstillstandes längere Verhandlungen zwischen Rollo einerseits und dem Erzbischofe Franko und dem Herzoge Robert von Isle de France (dux Francorum) andererseits (p. 82 D extr. — 83 C), Wace deutet dieselben nur mit dem Verse (1900) an:

Tant fut li plet mené ke la chose fina.

Als das Resultat unserer ganzen Untersuchung über diesen Theil des Roman's ergiebt sich, dass die Hauptquelle Wace's Dudo, die Nebenquelle, um so zu sagen, Guillelmus gewesen ist, und dass die Abweichungen, Zusätze und Auslassungen Wace's gering und, wenigstens im Allgemeinen, unwesentlich sind.

III. Geschichte des Herzogs Wilhelm.
(reg. 926 od. 931 — 943 vgl. le Prevost zu V. 2049.)

1. Vergleichung zwischen Guillelmus (lib. III) **und Dudo**
(lib. III. p. 98 D — 106 A.)

Guillelmus gibt in diesem dritten Buche einen gedrängteren und weniger wörtlichen Auszug aus Dudo, als in der sonst analogen zweiten Hälfte des vorhergegangenen Buches. In welch' hohem Grade Guillelmus die Berichte des Dudo über die Thaten Wilhelms I. kürzte und zusammenzog, kann eine Vergleichung der einzelnen Capitel des ersteren mit den entsprechenden Abschnitte des letzteren veranschaulichen, es ergiebt sich hieraus folgende Nebeneinanderstellung:

Guillelmus, cap. 1. = Dudo p. 89 D — 93 C
„ „ 2. = „ - 94 A — 97 A
„ „ 3. = „ - 97 A — C
„ „ 4. = „ - 97 D — 98 A
„ „ 5. = „ - 98 A — 100 B
„ „ 6. = „ - 100 B — 101 C
„ „ 7. ohne Entsprechung
„ „ 8. = Dudo p. 101 C — 102 C
„ „ 9. ohne Entsprechung.
„ „ 10. = Dudo p. 102 D — 103 D extr.
„ „ 11. = „ - 104 A — 105 A
„ „ 12. = „ - 105 A — 106 A.

Bei dieser Tabelle ist in Betracht zu ziehen, dass die Capitel des

Guillelmus je das Drittel einer Folioseite einnehmen; entspricht also, wie es öfters vorkommt, ein Capitel bei Guillelmus mehreren Folioseiten bei Dudo, so ist die Kürzung eine sehr starke. Indessen, da die Darstellungsweise des Dudo eine sehr weitschweifige ist, hat Guillelmus trotz seiner starken Kürzungen doch keines der von Dudo erzählten Ereignisse übergangen, ausgenommen die Verhandlungen der normannischen Barone mit Rollo wegen dessen Abdankung (Dudo p. 90 D — 91 C), deren Erzählung ohnehin passender in der Biographie gegeben worden wäre. In interessanter Weise lässt sich das Kürzungsverfahren des Guillelmus an einer Anzahl Sätze nachweisen, welche offenbar aus grösseren des Dudo zusammengezogen sind. Man vergleiche z. B. den Schluss des 3. Capitel (b. Guill.): Quam (sc. die Tochter Herberts v. Vermandois) a paterno domo sublatam cum innumera militum manu idem Normannorum dux Rothomagensibus intulit arcibus mit Dudo p. 97 C: Quam (sc. Leudegardis) Willelmus mirabilibus fescenninis apparatibus inauditisque inedicibilis honoris et dignitatis ornatibus comptius suffultus inaestimabiliumque equitum multitudine undique secus constipatus conduxit magnifice Rothomagensis urbis arcibus. Ein anderes schönes Beispiel bietet der Schluss des 4. Capitels verglichen mit Dudo p. 98 A. Es sind derartige Parallelstellen zugleich auch Beweise für die allerdings ohnehin schwerlich zu bezweifelnde Thatsache, dass Guillelmus nur einen Auszug aus Dudo, nicht eine selbständige Darstellung gibt.

Abweichungen von Dudo hat sich Guillelmus in diesem Abschnitte nirgends erlaubt. Die Verschiedenheit in der Angabe des Todestages Wilhelms I. — Guillelmus gibt den XVI, Dudo den XIII Kal. Januarii des Jahres 943 als solchen an — beruht jedenfalls auf einem Fehler der Abschreiber von dem sich freilich schwer entscheiden lässt, ob er im Texte des Dudo oder des Guillelmus begangen worden ist.

Zusatzweise werden von Guillemus folgende Ereignisse berichtet: 1) Die Wiederherstellung des Klosters von Jumièges und seine Besetzung durch Mönche aus Poitou (Cap. 7 und 8 init.). Dudo gedenkt dieses Ereignisses sehr ungenau und kurz mit dem einem Satze (p. 101 C): tunc construxit (Willelmus) Gimegias mirabile dictu mirique scematis templum. Uebrigens erklärt sich die grössere Ausführlichkeit des Guillelmus leicht aus seinem Stande. 2) die Flucht des von seinem Sohne Swen vertriebenen Dänenkönigs Harold nach der Normandie (Cap. 9), ein Factum, welches Guillelmus aus anderweitigen Quellen geschöpft haben muss. 3) Die Uebersiedelung des Prinzen Richard nach Bayeux, um dort die dänische (dacische) Sprache zu erlernen (Cap. 8 am Schlusse, wird aber von Dudo in der Biographie Richards I. p. 112 C und D erzählt). 4) Der Tod des Erzbischofs Franko (Kap. 10 am Schl.) — Auch nennt Guillelmus den Namen (Sprota) der ersten (dänisehen) Gemahlin Wilhelms I. (Cap. 2 am Schlusse).

2. Vergleichung des Wace (V. 2062—2763) mit Dudo und Guillelmus.

Die Annahme, dass Dudo die Hauptquelle des Wace gewesen sei, hat für diesen Abschnitt dieselben Wahrscheinlichkeitsgründe für sich, wie für den vorhergehenden (vgl. p. 28), kann aber hier nicht so streng, wie dort bewiesen werden, denn, da Guillelmus keine der von Dudo berichteten Thatsachen übergangen hat (vgl. p. 33), so lassen sich keine von Dudo und Wace allein erzählten und folglich die specielle Abhängigkeit des letzteren von dem ersteren bezeugenden Ereignisse auffinden. Indessen dürfte bei der grossen Wahrscheinlichkeit, welche die Sache an sich besitzt, wohl schon der Umstand als genügender Beweis gelten, dass Wace und Dudo die Regierungsgeschichte Wilhelms I. in annähernd gleicher Ausführlichkeit erzählen, während ja Guillelmus, wie wir sahen, nur eine sehr kurze Darstellung gegeben hat. Es war also auch hier das Werk Dudo's und nicht das des Guillelmus das dem Roman de Rou zu Grunde liegende Original.

Wace's Biographie Wilhelms I. zerfällt in Bezug auf ihr Verhältniss zu der von Dudo gegebenen in zwei wesentlich verschiedene Theile, deren Grenzscheide V. 2335 bildet. Im ersten dieser Theile (V. 2062—2335) nimmt Wace dem Dudo gegenüber eine unabhängigere, selbständigere Stellung ein, indem er sich vielfache Auslassungen und Abweichungen erlaubt. So erwähnt Wace z. B. gar nicht die erste Gemahlin (Sprota) Wilhelms I., vielmehr gewinnt es nach seinem Berichte ganz den Anschein, als sei Leudegardis, die Tochter des Grafen Herbert von Senlis[*]), die erste und einzige Gemahlin Wilhelms I.

---

[*]) Auch dies ist eine Abweichung von Dudo, denn nach diesem war Herbert Graf von Vermandois (vgl. le Prevost zu V. 2072).

gewesen, indem die Vermählung mit derselben sogleich am Eingange der ganzen Biographie erzählt wird (V. 2073), und hiernach wäre denn auch Richard I. der Leudegardis Sohn (vgl. V. 2251); hiergegen streitet nun Dudo's Bericht; zwar nennt dieser nie die Sprota ausdrücklich, allein, wenn in Uebereinstimmung mit Wace erzählt wird, dass Wilhelm bei seiner Rückkehr aus der siegreichen Schlacht die Nachricht von der Geburt eines Sohnes (und zwar „ex conjuge dilectissima natus") erhalten habe (p. 97A init.) und doch seine Vermählung mit Leudegardis erst in dem folgenden Paragraphen (p. 97C) berichtet wird, so kann unmöglich die Leudegardis die Mutter dieses Sohnes sein, sondern es ist eine frühere Ehe (oder wenigstens ein Concubinat) Wilhelms mit einer andern Dame anzunehmen. Eine andere Abweichung Wace's von Dudo ist es, dass er (V. 2173 — 2216) Wilhelm I. vor der Schlacht auf dem pré de la bataille sich mit Boton und Bernart unterreden lässt, denn bei Dudo (p. 95 D — 96 B) tritt Boton bei dieser Gelegenheit gar nicht auf. Endlich setzt Wace (V. 2273 — 94) die Thronbesteigung Ludwigs des Ueberseeischen vor den Vermählungsfestlichkeiten zu Lions-la-Forêt an, Dudo dagegen (p. 97 D) erst nach denselben. Ausgelassen und übergangen hat Wace im Vergleich zu Dudo namentlich die Verhandlungen der normannischen Barone mit Rollo wegen seiner Abdankung (b. Dudo p. 90 D — 91 C), die Gehorsamsaufkündigung der Bretonen (p. 92 B) und die Begnadigung des rebellischen Alans (p. 98 A). Manche Parthien der Dudo'schen Biographie Wilhelms I. hat Wace wieder bedeutend gekürzt, wie z. B. die Geschichte des Krieges Wilhelms I. gegen die Bretonen (V. 2080 bis 94 vgl. mit Dudo p. 93 B — D) nud der Aufwiegelung der normannischen Barone durch Riulf (V. 2120—146 vgl. mit Dudo p. 94 B bis 95 A).

Indessen ist trotz aller in diesem ersten Theile vorhandenen, mehr oder minder bedeutenden Differenzen doch die Benutzung des Dudo durch Wace entschieden anzuerkennen. Wahrscheinlich wird eine solche — abgesehen von den allgemeinen Gründen — schon durch den Umstand gemacht, dass Wace durchaus kein neues, dem Dudo unbekanntes Factum berichtet. Beweisend sind aber hierfür eine Anzahl Detailübereinstimmungen und Parallelstellen. Es ist gewiss mehr als zufällig, wenn sowohl nach Wace (V. 2159) als nach Dudo (p. 96B) die Zahl der dem Herzoge Wilhelm I. im Kampfe gegen Riulf treu gebliebenen Krieger gerade 300 beträgt, wenn nach beiden

Riulf auf der Flucht „verschwindet" (V. 2238 p. 96 D), und nach beiden Wilhelm I. bei der Meldung von der Geburt eines Sohnes gerade den Bischof Heinrich von Bayeux und einen Ritter Boto zur Taufe nach Fécamp absendet*): wie sehr pflegen in derartigen Detailangaben verschiedene Schriftsteller von einander abzuweichen! Als Parallelstellen führen wir an V. 2195:

> Quant nous n'avons Seignor, en Dancmarche iron,

zu vergleichen mit Dudo (p. 96 A):

> Navigio Daciam nostrae nativitatis terram repetemus, quia duce et advocato caremus;

und V. 2318 und 2319:

> Amiz, dist il, scron dez orcz en avant;
> Une seror avez, à moillier la demant,

zu vergleichen mit Dudo p. 97 B:

> Ut des sororem tuam uxorem mihi veni (utque connectamur invicem foedere involubilis amicitia et dilectionis).

Zu alledem kommt hinzu, dass die vorhandenen Abweichungen mehr aus Ungenauigkeit und Nachlässigkeit in der Benutzung des Dudo, als aus der Herbeiziehung noch anderer Quellenschriftsteller (abgesehen von Guillelmus) entstanden zu sein scheinen.

Der zweite Theil unseres Abschnittes ist, wie schon erwähnt (p. 34) in weit engerem Anschlusse an Dudo verfasst und steht zu diesem fast in dem Verhältnisse einer freien Uebersetzung. Daher sind denn auch die Parallelstellen hier besonders zahlreich; die wichtigste und längste derselben ist V. 2491 — 591 vergl. mit Dudo p. 102 A u. B, eine zweite führen wir, da sie kürzer ist, hier an. V. 2627—632:

> Li dus a Herloin mult bien asséuré,
> Monsteroil a bien clos, enforchié è fermé
> De pel à hérichon, de mur è de fossé.
> Poiz l'a d'homes garni è d'armes è de blé,
> A joie è à desduit a lungement esté,
> Poiz s'en est reperriez à Roem sa cité.

vergl. man mit Dudo p. 103 D: Castro vero firmiter remunito frumenti vinique atque tergorum suum affluentia cumulatius repleto, quinetiam militibus praemaximis sufficienter honestato Willelmus celeri equitatu cum suis reversus ad moenia urbis Rothomagensis. Dagegen kann

---

*) V. 2253—58, p. 97A.

die Uebereinstimmung von V. 2568: El Duc chaï as pies mit Dudo p. 103A: ad pedes ejus (ac. Willelmi) procidit zufällig sein.

Abweichungen des Wace von Dudo sind in diesem Theile nur zwei zu erwähnen. Die erste besteht darin, dass Wace als den vierten Mörder Wilhelms I. (neben Heinrich, Riulf und Robert) nicht, wie Dudo (p. 105B), „Balzo", sondern „Fauces", einen Neffen Riulfs, nennt (V. 2672 u. 75). Die zweite ist in der Angabe des Todesjahres Wilhelms I. enthalten, indem Wace (V. 2759) das Jahr 966, Dudo dagegen (p. 106A) das Jahr 943 angibt. Da indessen diese Abweichung Wace's so sehr bedeutend und ganz unerklärlich ist, so darf hier wohl unbedenklich ein Fehler der handschriftlichen Ueberlieferung angenommen werden, zumal da der Emendation des „seisante anz è sis" in „quarante anz è treiz" metrisch nichts im Wege steht.

Dass Guillelmus auch hier (in dieser ganzen Biographie) von Wace benutzt wurde, wenn gleich nur als „Nebenquelle", lässt sich aus mehrfacher Uebereinstimmung beweisen. Nur Wace und Guillelmus erzählen die Flucht des Dänenkönigs Harold in die Normandie (V. 2523 bis 537 vgl. mit Guill. c. 9), nur sie berichten die Bestattung Wilhelms I. in der Marienkirche zu Rouen (V. 2760 vgl. mit p. 238D). Die Schilderung der äusseren Erscheinung Wilhelms I. (V. 2062—71) hat Wace augenscheinlich nach Guillelmus gedichtet, man vergleiche z. B. 2070 f.:

Fors fu come Jehanz è hardiz sans mesure,
Ki son colp atendi de sa vie n'out cure

mit Guillelmus Cap. 1 p. 233D: erat ut gigas fortis in proeliis. — Eine Abweichung Wace's von Guillelmus ist es, wenn er die Schwester Wilhelms nicht Gerloc, wie dieser (Cap. 3 p. 235A), sondern Elbore nennt (V. 2331); es können indessen diese Namen in einem bestimmten Verhältnisse zu einander stehen, da sie offenbar verschiedenen Sprachen angehören. Dudo verschweigt den Namen dieser Prinzessin.

IV. Geschichte des Herzogs Richard I. (reg. 943—996).
1. Vergleichung zwischen Dudo (lib. III. p. 110C—158B) und Guillelmus (lib. IV.)

Das Leben Richards I. behandelt Dudo mit einer ganz besonderen Ausführlichkeit: widmet er doch seiner Darstellung nahezu an fünfzig

Folioseiten. Es mag Dudo zu dieser Verfahrungsweise nicht allein durch sein persönliches Verhältniss zu Richard I. und dessen Sohn, sondern auch durch innere Gründe veranlasst worden sein. Die Schicksale des dritten Normannenherzogs waren so wechselvoll und abenteuerlich, seine Regierung so lang und ereignissreich, seine Persönlichkeit so inhaltsvoll und vielseitig, dass dem zeitgenössischen Biographen ein reiches, zur Ausführlichkeit verlockendes Material vorliegen musste. Ist doch Richard I., „der Graf ohne Furcht", noch mehr als König Wilhelm der gefeierte Held der normannischen Volkssage geworden.

Guillelmus hat sich, wie dies bei der Ausführlichkeit Dudo's nicht anders möglich war, in seinem Auszuge die bedeutendsten Kürzungen erlaubt. Man vergleiche z. B. das erste einleitende Capitel bei Guillelmus mit der langen Einleitung bei Dudo p. 110 C — 113 C. Von den langen Reden, welche die auftretenden Personen bei Dudo zu halten pflegen, gibt Guillelmus meist nur kurze Referate, zuweilen begnügt er sich auch mit dem Berichte der durch diese Reden herbeigeführten Thatsachen (man vgl. den Schluss des 17. Cap. mit Dudo p. 148A — 152A). Vollständige Streichungen nimmt Guillelmus ebenfalls nicht selten vor, so sind die bei Dudo häufigen Lobpreisungen Richards fast sämmtlich ausgelassen worden (z. B. p. 135 C — 136 C, p. 139 C — 140 C). Das Verhältniss der Capitel des Guillelmus zu den Seitenabschnitten des Dudo ist, um auch hier eine Uebersicht davon zu geben, folgendes:

Guillelmus, cap. 1 = Dudo p. 113 C — 114 A.
„ - 2 = „ - 114 B — 116 A.
„ - 3 = „ - 116 A — 117 B med.
„ - 4 = „ - 117 B med. — 119 B init.
„ - 5 = „ - 119 B init. — 121 B med.
„ - 6 = „ - 121 B med. — 122 C med.
„ - 7 = „ - 122 C - — 125 C -
„ - 8 = „ - 125 C - — 126 C -
„ - 9 = „ - 126 C - — 128 B -
„ - 10 = „ - 128 B - — 132 A extr.
„ - 11 = „ - 132 A — 135 C.
„ - 12 = „ - 136 C — 137 B.
„ - 13 = „ - 137 B — 139 B.
„ - 14 = „ - 140 C — 142 A.
„ - 15 = „ - 142 C — 144 B.

Guillelmus. cap. 16 = Dudo p. 144 C —145 A init.
„ - 17 = „ - 145 A —152 A.
„ - 18 = „ - 152 B —153 A med.
„ - 19 = „ - 153 A med. —156 B.
„ - 20 = „ - 156 D —158 B.

Die Abweichungen des Guillelmus von Dudo sind folgende:
1) Nach Guillelmus (Cap. 3) räth Arnulf dem Könige Ludwig die Verstümmelung des jungen Richard an, bei Dudo dagegen (p. 116 C) nur dessen Gefangenhaltung (vgl. p. 117 B). 2) nach Guillelmus ertheilt der Däne Bernart dem Könige seinen hinterlistigen Rath bei Tafel, als dieser schon voll Weines ist (Cap. 6 p. 241 C), bei Dudo geschieht dies erst am folgenden Tage in der Morgenfrühe (p. 141B). 3) Nach Guillelmus stiess ein einzelner Krieger den Grafen Herloin nieder (Cap. 7), nach Dudo wurde die That von den Normannen insgesammt verübt (p. 128 D). 4) Nach Guillelmus (Cap. 14) fiel Evreux durch den Verrath des Gislebert Machel in die Hände Lothars, nach Dudo (p. 142 D) wurde die Stadt mit Sturm (repentino conflictu) genommen. 5) Nach Guillelmus fällt die Verwendung Richards für den Grafen Arnulf, seinen früheren Feind, unter die Regierung Hugo Capets (Cap. 19), nach Dudo fand sie noch unter Lothar statt (p. 155 C). 6) Nach Guillelmus (p. 249 A) starb Richard I. im Jahre 996 (wie auch anderweitig bestätigt wird), nach Dudo (p. 158 B) erst im Jahre 1002. Jedoch beruht hier, wie sich mit Gewissheit behaupten lässt, die falsche Angabe Dudo's auf einem Fehler der Handschriften, denn Dudo muss das Todesjahr seines Gönners und Zeitgenossen Richard I. genau gewusst haben. — Nach anderen Quellen als Dudo hat Guillelmus folgende Ereignisse zusatzweise erzählt:
1) Die Einsetzung des Rudolf Torta als Statthalter König Ludwigs in der Normandie und die Verwüstung des Klosters Jumiéges durch denselben (Cap. 6 p. 242 A): ein Zusatz, der bei einem Mönche von Jumiéges sehr erklärlich ist. 2) Die Rückkehr des Königs Harold nach Dänemark und seine Versöhnung mit Sven (p. 243 D. Cap. 9 am Schlusse). 3) Den Tod des Königs Ludwig und den des Erzbischofs Gunard von Rouen (Cap. 11 am Schlusse). 4) Den Tod des Königs Hugo Capet und die Thronbesteigung Roberts (Cap. 19). Ferner nennt nur Guillelmus den Namen der Stadt (Laon), in welcher die Friedenssynode der französischen Bischöfe abgehalten wurde (Cap. 17 vgl. Dudo p. 145 A). Ebenso erfahren wir nur aus Guillelmus den

Namen (Gunnor) der zweiten Gemahlin Richards I. und diejenigen ihrer Kinder (Cap. 18).

2. Vergleichung des Wace (V. 2764—5164 u. 5368—5929) mit Dudo und Guillelmus.

Da der zweite Theil des Romans de Rou schliesst, ehe die Geschichte Richards I. bis zu Ende geführt worden ist, und der dritte Theil daher (nach der Einleitung) den noch fehlenden Schluss hinzufügen muss, so zerfällt die Wace'sche Biographie Richards I. in zwei sehr ungleiche Theile, welche überdies wegen der zwischen dem zweiten und dritten Theile des Romans obwaltenden Verschiedenheit bezüglich des Metrums und der Darstellungsweise nicht unbeträchtlich von einander abweichen. Wir betrachten zunächst den ersten Theil unserer Biographie, welcher uns bis zu der Verabschiedung der dänischen Hülfstruppen durch Richard I. führt, einer Begebenheit, welche von Dudo auf p. 152 A, von Guillelmus im 17. Capitel erzählt wird und, wie aus diesen Citaten ersehen werden kann, bereits der späteren Regierungszeit Richards I. angehört.

Dass Wace auch in der Biographie Richards I. sich den Dudo zum Führer gewählt habe, ist, abgesehen von allen andern oben besprochenen Gründen, schon um deswillen wahrscheinlich, weil Dudo an Ausführlichkeit schwerlich von einem andern Biographen — falls es einen solchen gab — übertroffen werden mochte. Indem wir also auch für diesen Theil des Romans die Abhängigkeit von Dudo annehmen, eine Annahme, welche wir weiter unten durch Detailbeweise näher begründen werden, verzeichnen wir zunächst die wichtigeren Abweichungen Wace's von Dudo; es sind dies folgende: 1) Nach Wace werden die bösen Pläne des Königs Ludwig gegen den Knaben Richard von dem Erzieher Osmont errathen und dem Bernart mitgetheilt, der sie dann wiederum zur Kenntniss der Bürger von Rouen bringt (V. 2817— 820); nach Dudo, welcher übrigens den „nutritor" Osmont hier (p. 114) noch gar nicht mit Namen nennt, sondern dies erst p. 117B thut; fassen die Bürger, ohne eine Beeinflussung erfahren zu haben, Argwohn gegen Ludwig. 2) Den Bürgeraufstand zu Rouen und die darauf erfolgte Befreiung Richards erzählt Wace (V. 2823—873) mit etwas anderen Details als Dudo (p. 115), auf welche hier speciell einzugehen allzuweit führen würde. 3) Nach

Wace (V. 3659) vermittelt Bernart die Zusammenkunft zwischen den Königen Ludwig von Frankreich und Harold von Dänemark, nach Dudo's Bericht machte Harold selbst in arglistiger Absicht den Vorschlag (p. 123 A). 4) Nach Wace fand die Unterredung zwischen Ludwig und Richard bei Gerberoi (in der Picardie) statt (V. 8773), nach Dudo an dem Flusse Epte (p. 126 C). 5) Nach Wace (V. 3997) tödtet Richard selbst den Neffen des Kaisers Otto im Kampfe, nach Dudo (p. 132 A) wird dieser von nicht näher bestimmter Hand auf der Brücke der porta Beluacensis im Kampfgewühle getödtet; ferner findet bei Wace (V. 4046) König Otto selbst den Leichnam seines Neffen, während bei Dudo (p. 132 A) ihm dessen Tod nur gemeldet wird. 6) Nach Wace vermählt Graf Hugo der Grosse seine Tochter noch selbst — obwol kurz vor seinem Tode — mit Richard (V. 4305), nach Dudo findet die Vermählung erst nach Hugo's Tode statt (p. 137 B), was historisch richtiger ist (vgl. le Prevost zu V. 4305). Ueberdies nennt Wace diese erste Gemahlin Richards „Baut" d. i Bathilde, während Dudo und andere Geschichtsschreiber ihr den Namen Emma geben. 7) Nach Wace schlägt der Erzbischof Bruno von Köln Richard I. eine Zusammenkunft in Beauvoisis vor (V. 4347), nach Dudo sollte sie vielmehr im Gebiete von Amiens stattfinden (p. 138 D). Diese Abweichung Wace's erklärt sich vielleicht daraus, dass Richard seine Reise zu dieser Unterredung nur bis Beauvoisis fortsetzte (p. 139 A). 8) Nach Wace schenkte Richard dem einen der Krieger, welche ihn mit so gutem Grunde vor der Weiterreise warnten, ein Schwert, welches fünf Mark werth war, dem andern aber ein gutes Schild (V. 4371—73), nach Dudo (p. 139 A) bestanden die Geschenke in einem Schwerte, dessen Griff aus vier Pfund Gold bestand und in einem Armbande von demselben Gewichte.

Man sieht leicht, dass die Abweichungen Wace's, wenn auch ziemlich zahlreich, so doch inhaltlich sehr unbedeutend sind.

Uebergegangen hat Wace in seiner Bearbeitung des Dudo ausser der langen Einleitung noch die Verhandlungen zwischen Bernart v. Senlis und Hugo dem Grossen *) (p. 125 B u. C, würden nach V. 3728 zu berichten sein) und ebenso diejenigen Verhandlungen zwischen Ludwig und Arnulf, deren Ergebniss die Herbeirufung des Königs

---

*) Nach der Besiegung Ludwigs.

Otto ist (p. 129 B — 130 A extr.); die letzteren werden indess wenigstens durch den einen Vers (3891) angedeutet:

Ascz ont dit ensemle ço ki lor fut avis.

Bedeutend gekürzt hat Wace die Verhandlungen zwischen Bernart von Senlis und Hugo dem Grossen unmittelbar nach der Befreiung Richards (V. 3194 — 99 vgl. mit Dudo p. 118 C u. D) und noch weit bedeutender die Unterhandlungen Richards mit seinen dänischen Hülfsvölkern, um sie zum Abzuge aus Frankreich oder doch zur Taufe zu bewegen (V. 5124 — 158 vgl. mit Dudo p. 148 A — 152 A).

Dagegen hat Wace den Berichten des Dudo folgende Zusätze oder doch weitere Ausführungen und nähere Bestimmungen hinzugefügt: 1) Wenn Dudo ganz allgemein sagt (p. 116 B), Arnulf habe Gesandte „cum maximis muneribus" an den König Ludwig geschickt, so berichtet Wace (V. 2921) speciell, dem Könige seien zehn Pfund Gold geschenkt worden. 2) Die ausweichende Antwort, welche Ludwig jenen Gesandten nach Wace (V. 2954 — 58) anfangs ertheilte, wird von Dudo gar nicht erwähnt. 3) Wace erzählt, die Königin Gerberga habe den Knaben Richard gehasst, weil er schöner gewesen sei, als ihr eigener Sohn (V. 3017 u. 3018), Dudo kennt diese sehr naive Motivirung, welche dem Volksmunde entlehnt worden zu sein scheint, nicht, obwohl auch er die Königin zur Denunciantin Richards macht (p. 117 B, vgl. V. 3025). 4) Das lange Gespräch zwischen Osmont, Ludwig und Richard (V. 3036 — 3081) wird nur von Wace berichtet. 5) Die Erzählung von der fingirten Krankheit Richards hat Wace, wenn er auch ihren historischen Kern dem Dudo (p. 117 D bis 118 A) entnahm, so doch unabhängig von diesem weiter ausgeführt (V. 3126 — 159). 6) Nur bei Wace findet sich (V. 3886) eine genauere Angabe über die Dauer (drei Jahre) des Friedens zwischen Ludwig und Richard. 7) Ebenso berichtet nur Wace, dass die Normannen in der Schlacht gegen den Neffen des Königs Otto gerade zwölf der tapfersten Deutschen gefangen genommen hätten (V. 4027), Dudo spricht ohne eine Zahl zu nennen nur von „sehr vielen Gefangenen" (p. 142 A). 8) Nur von Wace erfahren wir die — vielfach interessanten — Kriegsrufe der verschiedenen Heere in der Schlacht an der Dieppe (V. 4665 — 67). Ueberhaupt ist Wace in der Beschreibung dieser Schlacht, namentlich was die Episode der Befreiung Walters des Jägers durch Richard betrifft, weit ausführlicher als Dudo

(p. 141 D — 142 A). 9) Nur Wace berichtet von einer durch den König Lothar zusammenberufenen Versammlung der französischen Barone zu Melun (V. 4727); Dudo sagt an der entsprechenden Stelle (p. 142 C) nur: Rex misit ad omnes suos fideles, quatinus venirent ad se hostili congressu. 10) Die lobende Characteristik Richards und der Bericht von seinen Kämpfen mit den benachbarten Landesherren (den Grafen von Anjou, Perche etc.) ist, wenigstens an dieser Stelle (V. 4864 — 89), nur bei Wace zu finden.

Es sind also, wie aus der gegebenen Uebersicht erhellt, die Abweichungen, Auslassungen und Zusätze Wace's von oder zu Dudo wenigstens der Zahl nach beträchtlich genug, sie lassen sich aber in der Biographie eines Fürsten, welcher eine Lieblingsgestalt der Volkssage, der Held einer halb-mythischen Geschichte geworden war, leicht erklären, denn Wace war allem Anscheine nach nicht der Mann, um, wenn ihm eine unlautere Quelle anscheinend historische, aber von Dudo übergegangene Thatsachen berichtete, dieselben mit scharfer Kritik zu prüfen und in ihrer Unwahrheit zu erklären; man denke z. B. an jene Notablenversammlung zu Melun (V. 4727), die jedenfalls niemals abgehalten wurde, sondern ihre Existenz bei Wace lediglich einer groben Verwechselung verdankt (vgl. le Prevost zu V. 4727).

Wir haben noch den Beweis zu führen, dass Wace auch in diesem Theile dem Dudo als Hauptquelle gefolgt ist. Einmal ergibt sich dies schon daraus, dass Wace in der Reihenfolge der Erzählung sich streng an Dudo bindet, wie dies namentlich bei den Uebergängen von einem Factum zum andern deutlich beobachtet werden kann. Dann ist aber auch eine beträchtliche Anzahl von Detailübereinstimmungen und Parallelstellen vorhanden, welche unmöglich zufällig sein können. Wir geben zunächst von den ersteren einige Beispiele: 1) Sowol nach Wace (V. 3578 und 3857 und 58) als auch nach Dudo (p. 128 A am Schlusse) war der Sohn des Rudolf Torta Bischof von Paris, während doch Guillelmus, obwol er von diesem Torta mehr als Dudo erzählt, gerade dieses Umstandes nicht gedenkt. 2) Beide, Wace (V. 3833) und Dudo (p. 127 C), geben 18 Denare als die Summe an, auf welche Torta die Besoldung der herzoglichen Hausbeamten herabsetzte, Guillelmus dagegen spricht (Cap. 9) von nur zwölf Denaren, ein Beweis, wie sehr derartige Angaben zu schwanken pflegen. 3) Beide Schriftsteller erzählen ferner übereinstimmend, dass Richard die Hausdienerschaft seines Vaters auch in seinen Diensten behielt (V. 2788 u. 89; Dudo

p. 114 A init.) 4) Beide geben ferner an, dass in dem Kampfe, der in Folge der Zusammenkunft Ludwig's und Harold's stattfand, 18 französische Grafen fielen (V. 3698; Dudo p. 123 D letzte Zeile); und beide endlich stimmen 5) darin überein, dass Bruno von Köln einen Bischof als Gesandten an Richard schickte (V. 4347; Dudo p. 138 D), während anderwärts nur von einem Mönche die Rede ist. — Von den Parallelstellen führen wir an, V. 2958 und 959:

> Aprez li Roi parla Baron è Chevalier,
> Ki du Conte de Flandres orent mult grant loier

vergl. mit Dudo p. 116 B: Tunc regis consiliarii muneribus excaecati dixerunt ei etc. — Ferner V. 2980:

> Ne vos poez mie toz li ociz vengier

vergl. mit Dudo p. 116 C: Omnes qui occidentur (sic!) non tibi jus est vindicare — Endlich V. 4858 - 861:

> Querre fist li ociz par boiz è par fossez:
> Tost furent en mostiers franchement enterrez,
> Li nafrez à micres et à serjanz livrez,
> Tant k'il furent gariz les a toz conréez

vergl. mit Dudo p. 144 A extr. Praeterea lucos paludesque exquirere fecit multosque mortuos et plagatos reperit, quibus eadem pietate obsequium praestitit (sc. sanare et sepelire fecit, wie aus dem vorhergehenden Satze ergänzt werden muss). Eigenthümlich verhält es sich mit dem letzten Verse dieses ganzen Theiles, V. 5158:

> Ne sai ke poi devindreut ne jo saveir ne quier,

er ist augenscheinlich eine Uebersetzung des Satzes, mit welchem Dudo (p. 152 A) den entsprechenden Abschnitt schliesst: Quod amplius propalare non curamus, aber, während Wace mit der Erzählung von der Einnahme der 18 spanischen Städte endet, berichtet Dudo noch einen Sieg der Normannen über die Spanier (p. 151 D) und das „quod" des citirten Satzes bezieht sich nicht, wie Wace es aufgefasst oder wenigstens nachgebildet hat (ne sai ke poi devindrent), auf die ferneren Schicksale der Normannen, sondern auf die unmittelbar vorher besprochene seltsame Erscheinung in der Hautfarbe der Aethioper (d. i. Araber).

Haben wir somit die Benutzung des Dudo auch hier durch Wace wohl ausser Frage gestellt, so fügen wir noch einige Umstände hinzu, durch welche auch die Benutzung des Guillelmus (in der gewöhnlichen

Weise als Nebenquelle) bewiesen werden dürfte. Die Einsetzung des Rudolf Torta zum Statthalter der Normandie wird nur von Guillelmus (Cap. 6) berichtet (vgl. p. 39), kann also auch von Wace (unter der Voraussetzung, dass er, wo es möglich war, Dudo und Guillelmus als einzige Quellen benutzte) nur nach dem letzteren erzählt worden sein (V. 3581 ff.). Dasselbe gilt von der Erwähnung Lamberts, eines Bruders des Herloin, dessen Ermordung er zu rächen suchte (V. 3690 vgl. mit Guill. Cap. 7, p. 242 C), und von der Angabe, der König Ludwig sei aus Gram über den unglücklichen Ausgang des Feldzuges gegen die Normannen gestorben (V. 4292—94. Guill. Cap. 11 extr.). Wir wenden uns zur Betrachtung des zweiten Theiles der Biographie Richards I., welcher beträchtlich kürzer und — als zum dritten Haupttheile des Romans gehörig — in Achtsylblern abgefasst ist. Schon durch den hier eingetretenen Wechsel des Metrums wird eine etwas andere Art der Darstellung bedingt, denn jene Gleichmässigkeit und gewisse Schwerfälligkeit, welche den Alexandrinerdichtungen eigenthümlich ist und bei phantasielosen Dichtern leicht in die ermüdendste Monotonie ausartet, muss in den kürzeren cäsurlosen Achtsylblern wenigstens einer verhältnissmässigen Lebhaftigkeit und Leichtigkeit der Darstellung Platz machen. Auffälliger indess, als diese mehr formale oder doch durch die Form bedingte Verschiedenheit ist die Differenz, welche hinsichtlich des behandelten Stoffes, des Inhalts, zwischen dem zweiten und ersten Theile der Biographie Richards I. (und zwischen dem dritten und zweiten Haupttheile des Romans überhaupt) besteht. Während nämlich Wace im zweiten Theile des Romans sich darauf beschränkt hat, nur historische oder doch von ihm für historisch gehaltene Ereignisse zu erzählen, verwebt er in dem dritten Theile eine beträchtliche Anzahl von Sagen und Anekdoten, die offenbar der mündlichen Tradition entnommen sind und den Stempel der Volksdichtung an der Stirn tragen, in die historische Erzählung, und man kann nicht läugnen, dass der Roman gerade hierdurch einen eigenthümlichen Reiz erhält und viel von seiner sonstigen Trockenheit verliert. Der Rest der Biographie Richards I. ist besonders reich an derartigen anekdotenhaften Zusätzen, was sich aus der hervorragenden Stellung, welche dieser Fürst in der normannischen Volkssage einnahm, leicht erklären lässt. So werden uns denn innerhalb der V. 5430 — 766 die Begegnung Richards mit dem Teufel in einer Kirche — uns Deutschen aus Uhlands Nachdichtung bekannt —, die

Geschichte von dem verliebten Mönche zu St. Ouen, das Abenteuer Richards mit dem geheimnissvollen Ritter im Walde von Lions und das Begegniss des herzoglichen Jägers mit einem Zauberweibe erzählt, Sagen, welche für die Geschichte der normannischen Cultur von grossem Interesse sind, indem sich in ihnen noch Anklänge an die altskandinavisch-germanische Mythologie finden. Von der dritten dieser Sagen bemerkt der Erzähler ausdrücklich (V. 5716):

Ne fud ceo pas mis en escrit,
Mez li percs le unt as filz dit

und wir haben guten Grund, dasselbe auch bei den übrigen anzunehmen. Ebenfalls dem Volksmunde nacherzählt ist, allem Anschein nach, die pointelose Anecdote von Richards Brautnacht mit der Gunnor (V. 5767 — 806).

Darf man nun annehmen, dass Wace diese Sagen und Anecdoten der mündlichen Tradition entlehnte,*) so werden wir durch nichts zu der Vermuthung veranlasst, dass Wace ausser Dudo und Guillelmus noch andere Quellen benutzt habe, denn seine Abweichungen von diesen beiden Historikern sind gering. Die bedeutenste derselben ist, dass er die Söhne Richards von der Gunnor vor der förmlichen Vermählung geboren werden lässt — wenigstens muss man dies aus den Ausdrücken s'amie und drucrie in V. 5402 und 403, sowie aus dem Umstande schliessen, dass der Trauung überhaupt erst in V. 5775 gedacht wird, — während doch bei Dudo (p. 152 D) der Hauptgrund, weshalb die normannischen Barone ihrem Fürsten die Eingehung dieser Ehe anrathen, die Kinderlosigkeit desselben ist, denn man würde irren, wollte man hier bloss an die Abwesenheit ehelicher Kinder denken, weil uneheliche Geburt, wie das Beispiel Wilhelms des Eroberers zeigt, wohl anstössig, aber doch kein absolutes Hinderniss bei der Thronfolge war. Auffällig ist es dann auch, dass Wace die von wirklichen Concubinen gebornen Söhne Richards gar nicht erwähnt, während doch sowol Dudo (p. 152 C) als Guillel-

---

*) Unterstützt wird diese Annahme namentlich auch dadurch, dass sich die erwähnten Sagen ausser bei Wace nur noch bei Benoit (die Sagen vom verliebten Mönche ausserdem auch noch in einer selbständigen, aber jedenfalls späteren Dichtung) erzählt finden, so dass Wace der erste gewesen zu sein scheint, der sie schriftlich fixirte; den normannischen Historikern sind sie — meines Wissens wenigstens — sämmtlich unbekannt.

mus (cap. 18, p 247 D) ihrer gedenken, der erstere sogar über ihre Nachkommenschaft berichtet. Von weit weniger Bedeutung ist es, wenn Wace unerwähnt lässt, (V. 5385), dass Richard I. nach dem Tode seiner ersten Gemahlin Emma sich von deren Bruder, dem Herzoge (später Könige) Hugo Capet, einen Curator ihres hinterlassenen Vermögens senden lassen wollte (vgl. dagegen Dudo p. 152 B u. C). Noch sei angeführt, dass Wace in Betreff des Kriegszuges des französischen Königs gegen den Grafen Arnulf zwar insofern mit Guillelmus übereinstimmt, als auch er diesen König Hugo Capet und nicht, wie Dudo (p. 195 C), noch Lothar sein läset', aber darin von ihm abweicht, dass nach ihm die Stadt Arras von Hugo nur belagert, nach Guillelmus aber auch erobert wird (V. 5838 — 40) vgl. mit Guillelmus Cap. 19).

Wir werden um so weniger zweifeln, dass Wace auch hier dem Dudo (und Guillelmus) gefolgt ist, als sich auch in diesem Abschnitte überraschende Parallelstellen und Detailübereinstimmungen finden. So erinnert die Schilderung der Tugenden Gunnors bei Wace (V. 5393 — 401) sehr an diejenigen bei Dudo (p. 152 C) man vgl. z. B. V. 5400 u. 401:

d'ovraigne de feme saveit,
Kanke feme saveit pocit

mit Dudo's Worten „feminei artificii edocta ingenio" (wenn hier nicht artificium in übertragener Bedeutung als geistige Eigenschaft „Schlauheit" zu fassen ist). In der Aufzählung der Söhne, Töchter und Schwiegersöhne Richards stimmt Wace (V. 5403 — 429) genau mit Guillelmus (Cap. 18) überein. Mehr als zufällig ist es wohl endlich auch, wenn Wace (V. 5887) und Dudo (p. 156 D) letzte Zeile) die Geldsumme, welche Richard bei der allwöchentlichen Kornvertheilung aus seinem Sarkophage jedem einzelnen Armen reichen liess, übereinstimmend als 5 Solidi angeben.

Geschichte des Herzogs Richard II.
(reg. 996 — 1020.)

Vergleichung zwischen Wace (V. 5930 — 7410) und Guillelmus (lib. V.).

Das Geschichtswerk des Dudo schliesst, wie wir gehörigen Ortes (p. 31) erwähnt haben, mit dem Tode Richards I. ab und wir haben daher nur noch das Verhältniss zu untersuchen, in welchem Wace bezüglich der übrigen Theile des Romans zu Guillelmus steht. Bei der geringen Ausführlichkeit des Guillelmus, dessen Werk auch in den selbständig abgefassten Theilen doch immer einen auszugartigen Character beibehält, wird es uns nicht wundernehmen dürfen, wenn Wace sich nicht sehr eng an Guillelmus angeschlossen, sondern dessen Berichte vielfach ergänzt, erweitert und theilweise allerdings auch entstellt hat. Es ist dies um so erklärlicher, als von den Zeiten Richards II. an, in denen der Culturzustand der Normandie sich bedeutend hob, Wace ein reichlicheres historisches Material zur Verfügung stehen mochte und er also weit weniger zu einem engen Anschluss an einen Quellenschriftsteller veranlasst war. Wir haben ja auch nie behauptet, das Dudo und Guillelmus die einzigen, sondern nur, dass sie die hauptsächlichsten Quellen des Wace gewesen sind und an dem letzten Theile dieser Behauptung halten wir, soweit sie den Guillelmus betrifft, auch jetzt noch fest, denn es lässt sich unseres Erachtens nicht verkennen, dass vom Tode Richards I. bis zur Geschichte Wilhelms des Eroberers das Werk des Guillelmus die Grundlage des Roman de Rou bildete, wenn auch die Ausführung theilweise auf andere Quellen hinweist.

In der folgenden Vergleichung der Wace'schen Geschichte Richard's II. mit der von Guillelmus gegebenen, stellen wir, da hier nicht mehr die gleiche Ausführlichkeit, wie in den vorhergehenden Abschnitten, wo die Vergleichung eine doppelte war, erfordert wird, das ganze Material tabellarisch unter fünf Rubriken (*a.* Zusätze; *b.* Erweiterungen; *c.* Lücken und Auslassungen; *d.* Einzelne Abweichungen, und *e.* Uebereinstimmungen) geordnet zusammen, um dann nach diesen Vorlagen ein Urtheil über den ganzen Abschnitt abgeben zu können.

a. Zusätze. Nur von Wace, nicht zugleich auch von Guillelmus wird erzählt:

1) Die Gründung der Abtei zu Fécamp (V. 5953—56). 2) Die prachtvolle Hofhaltung Richards II. (V, 5957—974), 3) Die zweite Vermählung Richards mit der Papia (V. 7014—22). 4) Die Anecdote von dem Ritter, der einen silbernen Löffel stahl*) (V. 7023—7140), und 5) die Anecdote von Bernard dem Lombarden, der durch eine List den ihm verweigerten Zutritt zum Herzoge zu erlangen wusste (V. 7141—291).

b. Erweiterungen. Weiter ausgeführt hat Wace die auch von Guillelmus erzählte Geschichte des Bauernaufstandes im Beginne der Regierung Richards (V. 5975—6118 vgl. mit Guill. Cap. 2) und die Geschichte der Zwistigkeiten zwischen Richard und seinem Schwager Odo von Chartres bis zur Herbeirufung der skandinaivschen Könige von Seiten des ersteren (V. 6588—862 vgl. mit Guill. Cap. 10). Namentlich ist es hier der Kampf bei Tillières, den Wace ausführlich schildert (V. 6652—792), während Guillelmus seine Beschreibung mit sieben Zeilen abthut.

c. Lücken und Auslassungen. 1) Wace erwähnt nichts von dem Freundschaftsvertrage, den Kanut mit Richard schloss (Guill. Cap. 7, p. 252 B, der Bericht würde bei Wace nach V. 6409 einzuschieben sein). 2) Wace lässt unbestimmt, an welchem Orte der durch König Robert von Frankreich vermittelte Frieden zwischen Richard und Odo geschlossen wurde (V. 6957), Guillelmus dagegen bemerkt ausdrücklich (p. 254 D): Coldras convenire mandavit. 3) Wace berichtet nichts von der Hülfe, welche (nach Guillelmus Cap. 14) Richard im Verein mit dem Könige Robert dem Grafen Burckhardt von Meulan zur Wiedererlangung seines von Odo geraubten Schlosses leistete, und ebenso lässt 4) Wace unerwähnt die Mitwirkung Richards bei der Erorberung von Burgund durch den König Robert nach dem Tode des Herzogs Heinrich (vgl. dagegen Guill. Cap 14, wäre bei Wace nach V. 7291 einzuschieben).

d) Einzelne Abweichungen. 1) Wace setzt die Vermählung Gottfrieds von der Bretagne mit Richards Schwester Hedwig erst nach dem Kriege mit Aethelred, Guillelmus dagegen schon vor dem Kriege an (V. 6566 vgl. mit Guill. Cap. 5). Vielleicht hat diese Abweichung darin ihren Grund, dass Wace die Vermählung beider

---

*) Es ist dies eine gradezu absurde Erzählung, welche Benoit, der sonst dem Wace getreu gefolgt ist mit gutem Takte ausgelassen hat.

Schwestern Richards im Zusammenhange erzählen wollte. 2) Wace gibt dem zweiten Sohne des Grafen Wilhelm von Oixmes, natürlichen Bruders Richards, den Namen Jehan (V. 6211), während Guillelmus ihn Hugo nennt, ihn auch erst an letzter Stelle unter den drei Söhnen erwähnt (Cap. 3, am Schlusse). 3) Wace nennt von den skandinavischen Königen, welche Richard im Kampfe mit Odo zu Hülfe rief, den einen (den König von Norwegen) Colan, den andern (den König von Schweden) Coman (V. 6850), während sie bei Guillelmus (Cap. 11) Olaf und Lacman heissen. Da indess in V. 6870 der Codex Duchesne den Namen Laman für Coman und in V. 6980 den Namen Olef für Colan bietet, welche letztere Variante Pluquet in den Text aufgenommen hat, so ist in V. 6866 wohl Olan für Colan und V. 6980 Laman für Coman zu schreiben, womit die sonst unerklärliche Abweichung beseitigt wäre. Allerdings sollte man für Olan die Form Olaf erwarten, aber da das Wort am Versrede steht und mit Laman reimt, so ist eine Correctur nicht möglich, es lässt sich auch die anstössige Form um so eher ertragen, als eine Umformung der Worte für den Reim bei Wace sich zuweilen findet. — 4) Der Inkonsequenz, dass Wace den Sohn Gottfrieds von der Bretagne das eine Mal (V. 6585) „Jehan", das andere Mal (V. 5424) „Iwun" nennt, haben wir bereits oben (p. 7) gedacht; bei Guillelmus heisst dieser Knabe Eudo (Cap. 5 am Schlusse).

e. Uebereinstimmungen. Uebereinstimmungen auch in Details des Wace mit Guillelmus zeigen sich besonders: 1) in der Erzählung des Kriegs zwischen Aethelred und Richard (V. 6216—351, Guill. Cap. 4), man vgl. z. B. V. 6286 — 69 mit Guillelmus p. 251 A (zweiter Satz). 2) In der Schilderung des Dänenmordes (V. 6352 bis 396, Guill. Cap. 6, p. 251 D), man vgl. besonders V. 6380 — 89 mit Guillelmus's Worten: „(Eldredus) jussit mulieres alvotenus esse defossas et ferocissimis canibus concitatis mamillas ab earum pectoribus crudeliter ertorqueri, lactentes vero pueros ad domorum postes allisos excerebrari." 3) In dem Berichte von dem ersten Auftreten der von Richard herbeigerufenen Scandinavier in der Bretagne und der Normandie (V. 6882 — 932, Guill. Cap. 11), man vgl. namentlich V. 6893 — 912 mit Guillelmus p. 254 B extr. 4) In der Aufzählung der Nachkommenschaft Richards aus erster Ehe (V. 6997—7006 Cap. 13).

VI. Geschichte der Herzöge Richard III. (reg. 1026—1028) und Robert II.*) (reg. 1028—1035.)
Vergleichung zwischen Wace (V. 7411—452. 7453—8398) und Guillelmus (lib. VI.)

Das Verhältniss zwischen Wace und Guillelmus ist in diesem Abschnitte, der die kurzen Regierungen der beiden Söhne Richards II. umfasst, ebenso, wie es im vorhergehenden war; nur sind hier die Zusätze Wace's beträchtlicher. Wir geben nach den oben festgestellten Rubriken folgende Uebersicht.

a. Zusätze. Nur von Wace werden erzählt: 1) Die Gründung der Abtei zu Cerisy (V. 7465—472). 2) Die Anecdoten von dem Ritter, der keine Gaben auf dem Altare niederlegt (V. 7473—498), von dem Geistlichen (clerc), der vor Freude stirbt (V. 7498—548) und von dem Messerschmiedte, welcher dem Herzoge zwei Messer schenkt und dafür reichlich belohnt wird (V. 7549—59). 3) Die Länderschenkungen, mit denen Hönig Heinrich den Beistand des Normannenherzogs belohnt (V. 7721 und 7745—752). Die Liebe Roberts zu Harlette (V. 7991—8058): eine sehr schöne Episode bildet in diesem Abschnitte der Traum Harlette's, welcher ihr die Geburt des grossen Wilhelm symbolisch ankündet (V. 8021—8032)**). 5) Die Prophezeihung des Wilhelm von Talvas beim Anblicke des jungen Wilhelm (V. 8059—8076). 6) Die Einsetzung des Herzogs Alan von der Bretagne zum Statthalter der Normandie und dessen Tod (V. 8131—140). 7) Die Details über die Pilgerfahrt des Herzogs Robert nach Jerusalem und seinen dortigen Aufenthalt (V. 8142—370); es befinden sich hierunter einzelne recht ansprechende Erzählungen, wie z. B. die von dem Abenteuer des Herzogs mit dem unhöflichen Pförtner (V. 8150—192). — Nicht unerwähnt sei gelassen, dass Benoit zwar die unter 2) genannten Anecdoten nach Wace wiedererzählt, die Details der Pilgerreise dagegen übergeht.

---

*) Robert II., wenn Rollo als Robert I. mitgezählt wird, sonst Robert I.

**) Der Traum Harlette' erinnert sehr an denjenigen der Mederin Mandane bezüglich des Cyros (Herodot. I, cap. 108). Vielleicht ist diese Uebereinstimmung mehr als eine bloss zufällige.

b. **Erweiterungen.** Als von Wace im Vergleich zu dem Bericht des Guillelmus beträchtlich erweitert ist nur die Geschichte des Krieges zwischen Robert und Alan aufzuführen (V. 7755 — 896 vgl. mit Guill. Cap. 8), besonders ausführlich ist Wace in der Schilderung der Entscheidungsschlacht (V. 7841 -- 894 vgl. mit Guillelmus p. 261 A).

c. **Lücken und Auslassungen.** Wace übergeht folgende von Guillelmus berichteten Ereignisse; 1) Die Zwistigkeiten des Erzbischofs Robert v. Evreux mit dem Herzoge Robert (b. Guill. Cap. 3). 2) Den Kampf des Herzogs Robert mit dem Bischofe Hugo von Bayeux 3) Die Gesandtschaft Kanuts an Robert, durch welche er den Söhnen Äthelreds, den Vettern Roberts, die Hälfte des väterlichen Reiches anbieten lässt (b. Guill. Cap. 12, wäre bei Wace nach V. 8066 einzuschieben). 4) Die Wiedereinsetzung des Grafen Balduin von Flandern durch Robert (b. Guill. Cap. 6).

Dass Wace von der Geschichte der Abtei zu Bec, welche bei Guillelmus in einem langen Capitel (p 261B — 265B) erzählt wird, nichts berichtet, bedarf nach der p. 16 ff. gegebenen Erörterung keiner weiteren Erklärung.

d. **Einzelne Abweichungen.** Wir haben in dieser Rubrik nur folgende zwei Punkte zu verzeichnen: 1) Wace erzählt das Schicksal der Nachkommen Wilhelms von Bellême gleich nachdem er dessen Tod berichtet hat (V. 7665 — 684), Guillelmus erstattet uns, was chronologisch genauer ist, erst nach der Thronbesteigung Heinrichs von Frankreich davon Bericht (Cap. 7 p. 260 C u. D). 2) Wace nennt den Anführer der normannischen Flotte im zweiten Kriege gegen die Bretagne Tavel (V. 7953), Guillelmus dagegen gibt ihm den Namen Rabellus (Cap. 11). Jedenfalls ist hier aber bei Wace mit einer leichten Buchstabenvertauschung Ravel für Tavel zu schreiben.

e. **Detailübereinstimmungen.** Die grösste Detailübereinstimmung zwischen Wace und Guillelmus zeigt sich innerhalb dieses Abschnittes in der Geschichte des Kampfes zwischen Robert und Wilhelm von Bellême und dessen Söhnen (V. 7591—664); man vgl. z. B. v. 7629 – 636:

> Gohier, un mult boen chevalie
> E ki mult esteit à preisier
> E ki ert un de ses amis,
> A Garin sudéement ocis,

> Si k'li nel avait defic
> Ne de heir semblant munstré;
> E deables tuit errament
> L'estrangla, tut veiant sa gent

mit Guillelmus p. 259 A: Warinus igitur postquam Gunherium de Belismo militem bonum et amabilem, qui nihil mali suspicabatur, sed potius ei ridens ut amico congratulabatur sine caussa capite crudeliter privaverat mox a daemonio arreptus est et videntibus sociis qui aderant strangulatus est. Man vergleiche ausserdem noch V. 7657—61 mit dem Schlusse des 4. Cap. bei Guillelmus.

Bemerkenswerth ist noch, dass in der Nomenclatur, abgesehen von dem Namen des normannischen Admirals, Wace in diesem, wie auch im vorhergehenden Abschnitte, durchgängig mit Guillelmus übereinstimmt.

Geben wir nun über das Verhältniss, in welchem Wace in diesem und dem vorangehenden Abschnitte zu Guillelmus steht, ein zusammenfassendes Urtheil ab, so wird dies wohl dahin lauten müssen, dass jenes Verhältniss trotz aller bestehenden Differenzen immer noch ein wohl erkennbares und in einzelnen Parthien sogar ein enges ist. Denn die Abweichungen Wace's sind gering und tragen theilweise den Character von Ungenauigkeiten, die Zusätze sind nicht allzu beträchtlich nnd zum grossen Theile, namentlich was die Anecdoten betrifft, offenbar der mündlichen Tradition entnommen, die Auslassungen betreffen meist unwesentliche Gegenstände, und die Erweiterungen endlich sind nicht zahlreicher und nicht bedeutender, als sie in den früheren Abschnitten waren. Folglich finden wir, wenn auch eine Benutzung anderer Quellen und eine reiche Ausbeutung der mündlichen Tradition nicht geleugnet werden kann noch soll, den oben (p. 48) ausgesprochenen Satz bestätigt, dass das Geschichtswerk des Guillelmus für diese Abschnitte die Hauptquelle und die Grundlage des Roman de Rou gewesen ist.

VII. Geschichte des Herzogs Wilhelm II. oder des Königs Wilhelm I. des Eroberers (reg. 1025 —1087). Vergleichung zwischen Wace (V. 8399—14465) und Guillelmus (lib. VII.).

Die Geschichte des Eroberers Wilhelm, der die Herzogskrone mit der königlichen vertauschte und ohne Zweifel der bedeutendste der Normannenfürsten war, erzählt uns Wace mit der grössten Ausführlichkeit und setzt sich schon hierdurch in einen Gegensatz zu dem kürzeren Guillelmus. Aber es besteht auch noch ein Gegensatz anderer Art. Guillelmus nämlich, welcher in dieser Biographie (auch wenn man von den nachweis später eingeschobenen oder interpolirten Kapiteln absieht) der Kirchengeschichte eine besondere Aufmerksamkeit schenkt, eilte über die Geschichte der inneren und äusseren Kämpfe, welche Wilhelm zu bestehen hatte, kurz und flüchtig hinweg, während Wace gerade diese mit besonderer Vorliebe und mit fast gänzlicher Uebergehung des kirchengeschichtlichen Elementes erzählt. So ist denn sehr erklärlich, dass, wenn wir Wace und Guillelmus auch hier miteinander vergleichen, wir bei dem ersteren sowohl Zusätze und Auslassungen in grosser Zahl antreffen. Gilt doch Wace für einige Parthien der Geschichte Wilhelms, wie für die Adelsempörung. die Vorbereitungen zu dem Zuge nach England u. a., als einzige oder doch hauptsächlichste Quelle, so dass z. B. Lappenberg in der Erzählung dieser Ereignisse ganz dem Roman de Rou gefolgt ist. Die Frage, aus welchen Quellen Wace seine zahlreichen und umfänglichen Zusätze zu Guillelmus geschöpft habe, lässt sich nur im Allgemeinen beantworten. Der mündlichen Tradition können nur einzelne Episoden, wie etwa die abenteuerliche Flucht Wilhelms vor den aufständischen Baronen (V. 8822—896), entnommen sein, denn eigentlich geschichtliche Facta, wie sie uns Wace in einem grossen Theile seiner Zusätze unleugbar berichtet, bewahrt die Tradition nicht. Es ist demnach mit Gewissheit anzunehmen, dass Wace ausser dem Guillelmus noch andere uns entweder verlorene oder noch unbekannte Quellenschriftsteller zur Geschichte Wilhelms benutzt hat, wie er denn auch selbst an einer Stelle (V. 10741 f.) darauf hindeutet, dass ihm mehrere von einander abweichende Quellen zur Verfügung standen (vgl. auch V. 11564 u. 65 mit 11570). Wir werden weiter unten auf diese Quellenfrage noch einmal zurückkommen.

So unzweifelhaft es aber ist, dass Wace ausser dem Guillelmus noch andere Quellen in bedeutendem Umfange benutzt hat, ebenso unzweifelhaft ist es auch, dass er neben diesen anderen Quellen auch den Guillelmus benutzte und wir geben deshalb auch für diesen Abschnitt eine specielle Vergleichung mit den gewöhnlichen Rubriken, wobei wir jedoch den überreichen Stoff in zwei Theile zerlegen, von denen der eine die Ereignisse vor der Eroberung Englands, der andere die Eroberung selbst und die Begebenheiten nach der Eroberung behandeln soll.

A. Die Geschichte Wilhelms I. bis zur Eroberung Englands (1066),
(Wace: V. 8399—11587. Guillelmus: lib. VII. Cap. 1—34 p. 267 C—286 D).

a. Zusätze. Nur von Wace werden folgende Begebenheiten berichtet: 1) Der schnelle Ritt Wilhelms von Valognes nach Arques (V. 8069—708). 2) Der Eintritt Alfreds des Riesen in das Kloster von Cérisy (V. 8717—743). 3) Die Gefangenschaft und der Tod Grimalds von Plessis (V. 9344—367). 4) Der Umgang des früheren Erzbischofs Mauger mit einem bösen Geiste und sein eigenthümlicher Tod (V. 9699—758). 5) Die Belagerung von Ambrières durch Gottfried Martel (V. 10137—188). 6. Die Einführung des Gottesfriedens und die Errichtung der sogenannten Friedens- oder Allerheiligenkirche zu Rouen (V. 10485—538). 7) Die (Besuchs-)Reise Wilhelms nach England (V. 10539—556). 8) Die Uebergabe der von Godwin dem Könige Eduard gestellten Geiseln an Wilhelm und der Tod Godwins (V. 10557—600). 9) Die projectirte Pilgerfahrt König Eduards nach Rom und die Gründung der Westminster-Abtei (V. 10661—686). 10) Der Plan König Eduards, Wilhelm zu seinem Erben einzusetzen (V. 10687—708). 11) Die abgedrungene Einwilligung des sterbenden Eduard zur Thronbesteigung Harolds (V. 10880—970). 12) Die sämmtlichen Ereignisse vom Tode Eduards bis zur Abfahrt der normannischen Flotte nach England (Wilhelm erhält die Nachricht vom Tode Eduards; der Rath, den der Seneschall Wilhelm von Breteuil ertheilt; Gesandtschaften zwischen Wilhelm und Harold [diese auch bei Guillelmus Cap. 31 erwähnt]; Vertreibung der in England ansässigen Normannen durch Harold; Versammlung der normannischen Barone, ihre Berathungen, List Wilhelms von Breteuil; Wilhelm geht den französischen König Philipp, den Grafen von Flandern und den

Papst um Beistand an; Ausrüstung der Flotte und des Heeres; Aufenthalt im Hafen von St. Valery). (V. 10982—11587.)

b. Erweiterungen. Weit ausführlicher, als Guillelmus erzählt Wace: 1) Den Adelsaufstand gegen Wilhelm im Anfange seiner Regierung, besonders detaillirt wird die Schlacht von Val des Dunes beschrieben (V. 8996—9298 vgl. Guill. Cap. 17 p. 257 D). Die Erzählung von der Flucht Wilhelms aus Valognes nach Falaise (V. 8822 bis 896) gehört Wace ganz eigenthümlich an. 2) Die Hinrichtung der Gefährten Alfreds, des Prätendenten von England gegen Harold, durch doppelte Decimation (V. 9841—9854 vgl. Guill. Cap. 9 p. 271C). 3) Den Sieg der Normannen über die Franzosen bei Mortemer (V. 9990 bis 9854 vgl. Guill. Cap. 24 p. 281C). 4) Den Aufenthalt Harold's in der Normandie (V. 10732—10867. Guill. Cap, 31).

c. Lücken und Auslassungen. Sehen wir von den später eingeschobenen und interpolirten Capiteln ab, so hat Wace folgende von Guillelmus erzählten Ereignisse übergangen: 1) Die Mordthaten und Fehden der normannischen Barone während der Unmündigkeit Wilhelms (b. Guill. Cap. 2 u. 3). 2) Die Gründung der Abtei zu Praelles durch den Grafen Roger von Belmont und die Vermählung dieses Grafen (b. Guill. Cap. 3). 3) Das Exil des Grafen Wilhelm von Tallon bei dem Grafen Eustach von Boulogne (Cap. 7 am Schlusse, wäre bei Wace nach V. 8716 einzuschalten). 4) Die in Cap. 19 und 20 von Guillelmus berichteten, die innere Geschichte der Normandie betreffenden Thatsachen. 5) Die Erbauung des Schlosses Bréteuil und die Uebergabe desselben an Wilhelm, den Sohn Osborns (Cap. 25). 6) Den Tod des Grafen Kuman von der Bretagne (Cap. 33). 7) Die Verbannung mehrerer Barone und des Abtes Robert von St. Ouen aus der Normandie (Cap. 29). 8) Die Niederlassung der Normannen in Apulien (Cap. 30).

d. Einzelne Abweichungen. In folgenden Details weicht Wace von Guillelmus ab: 1) Nachdem Wace die Besiegung und Verbannung des rebellischen Toustain Goz, Grafen von Exmes, berichtet hat, schliesst er (V. 8555 f.):

Ne sai, se il puiz repaira
Ne se il puiz se racorda,

gesteht also seine Unkenntniss in Bezug auf die ferneren Schicksale des Grafen ein; Guillelmus dagegen erzählt (Cap. 6 p. 270 B) ausdrücklich: „Post haec Richardus Turstini filius optime Duci servivit et sic patrem suum Duci reconciliavit et ipse multo majora, quam pater perdiderat acquisivit." Es scheint demnach Wace in einer unbegreiflichen Nachlässigkeit das Capitel des Guillelmus nicht bis zu Ende gelesen zu haben. Indessen darf man vielleicht das „reconciliavit" des Guillelmus nicht so wörtlich als ein „wieder versöhnen" auffassen, wo wir dann doch wohl eine, durch nichts bezeugte, Rückkehr des älteren Toustain nach der Normandie annehmen müssten, sondern es bedeutet dies „reconciliavit" wohl nur: „er brachte seinen wahrscheinlich schon gestorbenen) Vater wieder ein in gutes Andenken (bei dem Herzoge, beschwichtigte den Hass des Herzogs gegen ihn"; es wird um so glaublicher, als aus dem Schlusse des Capitels: „(Richardus) ipse multo majora quam pater perdiderat acquisivit" hervorzugehen scheint, dass der ältere Toustain nie wieder in die Normandie zurückgekehrt ist, wenigstens seine Grafschaft nicht wieder übernommen hat. Wenn dem so ist, und wenn namentlich auch über das Schicksal Toustains im Auslande nichts Sicheres bekannt war, so konnte Wace recht gut in solcher zweifelnder Weise sprechen und mindestens ist sein offenes Geständniss dann nicht so „humiliant", als wie le Prevost (zu V. 8556) es bezeichnet hat. 2) Wace erwähnt, als er die Kinder Wilhelms aufzählt (V. 9649—658) nur drei Söhne (Robert, Wilhelm und Heinrich) und zwei Töchter (Adele und Cäcilie), während Guillelmus (Cap. 21 p. 278 A) vier Söhne (ausser den eben genannten noch Richard „qui juvenis decessit") und vier Töchter angibt, eine Angabe, welche von andern Geschichtsschreibern bestätigt wird. 3) Wace erzählt den Tod Kanuts, die unglückliche Unternehmung der Kronprätendenten Eduard und Alfred und die spätere Thronbesteigung Eduards erst nach der Vermählung Wilhelms (V. 9759—896), lässt also diese Ereignisse erst nach dem Jahre 1047 stattfinden, denn in diess Jahr fällt die kurz vor der Vermählung Wilhelms geschlagene Schlacht von Val des Dunes; Guillelmus dagegen setzt alle diese Begebenheiten der englischen Geschichte weit früher, vor der Schlacht bei Val des Dunes, an, und es ist dies auch historisch richtiger, da Kanut schon den 12. November 1035 starb. 4) Wace's Angabe zufolge wurde Herzog Wilhelm von dem Grafen Herbert von Mans zum Erben eingesetzt, konnte aber erst nach längeren Kämpfen mit dem Prätendenten Gottfried von Mayenne sich in den Besitz dieser Landschaft setzen (V. 10192—256); Guillelmus weiss weder von einer letztwilligen Verfügung des Grafen Herbert, noch von diesem Grafen überhaupt, noch von einem Gottfried von Mayenne auch nur das Geringste, sondern berichtet (Cap. 27 p. 283), dass Wilhelm, um einen vom Grafen Gottfried ihm zugefügten Schimpf zu rächen, die Grafschaft Mans mit Krieg überzogen und erobert habe, dass ihm aber auf dem Schlosse Meduanum ein „opulentus miles Goiffredus" langen und hartnäckigen Widerstand geleistet habe. Uebereinstimmender mit dem Berichte Wace's über diese nicht unwichtige Begebenheit ist derjenige des Ordericus Vitalis (lib. III. p. 487C — 488 B), indessen finden sich auch hier beträchtliche Abweichungen. 5) Wace berichtet zwar in Uebereinstimmung mit Guillelmus, dass Harold seinem Nebenbuhler um die Krone, Wilhelm, geloben musste, dessen Tochter Adele zu heirathen, kennt aber nicht, wie Guillelmus (Cap. 31 p. 281C) das Versprechen Wilhelms, Harold im Falle der Nachgiebigkeit die Hälfte von England abtreten zu wollen.

e. Detailübereinstimmungen. Grosse Uebereinstimmung in den Details zwischen Wace und Guillelmus zeigt sich vorzugsweise in zwei Parthien dieses Abschnittes: 1) in der Geschichte des ersten Krieges zwischen Wilhelm und Gottfried von Anjou (V. 9368 — 658 vgl. mit Guill. Cap. 18), man vergl. z. B. V. 9368—373:

> Giffrei Martel, un quens d'Anjou,
> Cels de Teroigne è de Poitou
> E si veizins de plusurs parz
> Par ses engienz è par ses arz
> Out moult domagiez è destreiz,
> Homes raens, chastels tolciz

mit Guillelmus Cap. 18 p. 276 B: Andegavorum quoque comes Goiffredus, cognomine Martellus, vir per omnia versutus quosdam cladibus diversis et intolerabilibus pressuris in vicino degentes frequenter afflixit. 2) In der Geschichte des zweiten Einfalles des französischen Königs Heinrich in die Normandie (V. 9897—10137 vgl. mit Guill. Cap. 24), man vgl. z. B. V. 9897—908 mit Guill. p. 281B.

In den Eigennamen, selbst in den unwesentlicheren, stimmen beide Schriftsteller ausnahmslos überein — ein gewiss sehr wichtiger Umstand. So sind z. B. die Namen zweier nur einmal erwähnter und durchaus unbedeutender Grafen bei beiden identisch (V. 8652 — 54 vgl. mit Guill. Cap. 7 p. 270 C). — Noch ein anderer, mehr indirecter Beweis lässt sich dafür beibringen, dass Wace, wenn er hier auch dem Guillelmus nicht ausschliesslich gefolgt ist, so doch ihn benutzt und mit andern Quellenschriftstellern verglichen hat: er besteht in folgender Combination. Nachdem Wace als den Grund von Harold's Reise nach der Normandie, den er „aufgeschrieben" gefunden habe (V. 10741), angegeben hat, dass Harold die vom Vater Godwin an Eduard gestellten und von diesem an Wilhelm ausgelieferten Geiseln habe befreien wollen (V. 10730 vgl. V. 10686), fügt er hinzu (V. 10742), ein „anderes Buch" berichte, dass Harold diese Reise im Auftrage König Eduards unternommen habe, um den Herzog Wilhelm der Thronfolge zu versichern. Nun ist es aber Guillelmus, der diese an sich sehr unwahrscheinliche Vermuthung aufstellt, indem er sagt (p. 285 B): „(Eduardus) Heraldum destinavit, ut ei (sc. Guillelmo) de corona sua fidelitatem faceret ac Christiano more firmaret", und es besitzt daher die Annahme, dass jenes „altre livre" eben das Werk des Guillelmus gewesen sei, sehr grosse Wahrscheinlichkeit, wenn nicht völlige Gewissheit. Aehnlich verhält es sich an einer andern Stelle. Die Zahl der Schiffe, aus denen die Eroberungsflotte Wilhelms bestand, gibt Wace, der Aussage seines Vaters folgend, zuerst als 696 [set cenz quatre meins] an (V. 11564), setzt aber dann hinzu, er habe geschrieben gefunden, wisse jedoch nicht, ob es wahr sei (V. 11570 f.) dass die Flotte 3000 Schiffe gezählt habe. Wiederum ist es Guillelmus, bei dem sich diese gewiss sehr übertriebene Angabe findet (Cap. 34; classem ad tria milia construi jussit).

B. Die Geschichte Wilhelms I. während und nach der Eroberung Englands (1066 — 1087).

(Wace V. 11588 —14465. Guillelmus lib. VII, Cap. 34—44.)

In diesem Theile der Biographie Wilhelms I. besteht zwischen Wace einerseits und Guillelmus und dessen von Capitel 38 an eintretenden Fortsetzer andererseits eine sehr grosse, fast möchte man sagen diametrale Verschiedenheit. Denn, während Guillelmus die der Schlacht bei Hastings zunächst vorangehenden Ereignisse und diese Schlacht selbst in zwei kurzen Capiteln (35 und 36) von zusammen nur 40 Zeilen erzählt, gibt Wace gerade von diesen Ereignissen und von dem Kampfe bei Hastings eine sehr detaillirte und eben deshalb auch sehr ansprechende und anschauliche Schilderung (V. 11588 — 14008), welche von keiner anderen übertroffen wird;

und während wiederum der Fortsetzer des Guillelmus die Ereignisse nach der Eroberung Englands bis zu Wilhelms Tode etwas ausführlicher behandelt (Cap. 37 — 43), eilt Wace ziemlich flüchtig über sie hinweg, ja mehrere, wie z. B. den Angriff des Grafen Eustach v. Boulogne auf Dover (b. Guill. Cap. 39), die Besiegung der Söhne Haross (Cap. 41), lässt er ganz unerwähnt. Diese allgemeinen Andeutungen werden genügen, um das zwischen beiden Schriftstellern bestehende Verhältniss zu characterisiren. Wace hat eben für diesen Theil den Guillelmus gar nicht, wenigstens nicht nachweisbar, benutzt und es kann diese Vernachlässigung des gewohnten Führers um so weniger befremden, als ja das Werk des Guillelmus ohnehin mit dem 37. Cap. abschloss und die demnach allein noch übrig bleibenden drei Capitel (35, 36 u. 37) nur ein äusserst kärgliches Material darboten. Wir werden daher hier auch nicht, wie in den früheren Abschnitten, eine specielle Vergleichung des Wace mit Guillelmus vornehmen können, denn diese Vergleichungen hatten ja stets die Annahme eines bestimmten Verhältnisses zwischen den betreffenden beiden Schriftstellern zur Voraussetzung und wurden nur angestellt, um dieses Verhältniss näher festzustellen und nachzuweisen.

Fragen wir nun, aus welcher Quelle Wace hier geschöpft habe, wo Guillelmus ihm nicht mehr Führer sein konnte, so ist es sehr schwer, wenn nicht unmöglich, irgend welche bestimmte Antwort zu ertheilen. Zunächst würde die Vermuthung nahe liegen, dass Guillelmus Pictavensis und Ordericus Vitalis, die bedeutendsten der uns bekannten normannischen Historiker für diese Periode, Wace's Quellen gewesen seien. Aber dass diese Vermuthung wenigstens bei Guillelmus Pictavensis trügt, kann schon eine Vergleichung seiner Schilderung des Sieges von Hastings mit derjenigen Wace's zur Genüge beweisen, denn, während Wace, wie wir sahen, dies wichtige Ereigniss mit der grössten und detaillirtesten Ausführlichkeit erzählt, widmet Pictavensis ihm nur den verhältnissmässig kargen Raum von drei Folioseiten (p. 201A med. 204B). Ueberdies weicht Wace auch in den Einzelheiten beträchtlich von Pictavensis ab, wie z. B. in dem Kataloge der normannischen Barone, welche bei Hastings kämpften (V. 13550—570 und V. 13582—684, vgl. mit Guill. Pict. p. 202 D) und in dem Berichte von der Bestattung Harolds (V. 14093—97, vgl. mit Guill. Pict. p. 204 A). Diese Differenzen, welche ja gerade den wichtigsten Punct betreffen, müssen uns zu dem Schlusse veranlassen, dass irgend ein näheres Verhältniss zwischen Wace und Guillelmus Pictavensis nicht bestehen kann, so sehr man auch ein solches erwarten sollte. Ueber die Möglichkeit einer Benutzung des Ordericus Vitalis durch Wace haben wir bereits oben (p. 9 f.) gesprochen und sind dabei wenigstens mit ziemlicher Wahrscheinlichkeit zu einem verneinenden Urtheile gelangt, welches zu widerrufen wir keinen Anlass haben. Wie wenig Ordericus Vitalis für Wace eigentlicher Quellenschriftsteller sein konnte, beweist recht deutlich seine Schilderung der Schlacht von Hastings (p. 501 lib. III.), die sichtlich theils nach Guillelmus Pictavensis (man vgl. p. 501 C mit p. 202 D) theils nach Guillelmus Gemmeticensis gearbeitet ist, dem letzteren ist sogar eine Stelle wörtlich entlehnt (lib. III. p. 501 D — 502 A - Guill. lib. VII. Cap. 36. p. 287 C und D). Warum sollte es Wace da nicht vorgezogen haben unmittelbar aus den Quellen zu schöpfen? Es wäre auch, wenn ein näheres Verhältniss zwischen Wace und Ordericus bestände, sehr auffallend, dass, während der letztere die Ereignisse von dem Siege bei Hastings bis zum Tode Wilhelms in 4 umfänglichen Büchern (p. 505—663) sehr ausführlich berichtet,[*]) der erstere ihrer nur sehr flüchtig und unvollständig gedenkt. Was die Aehnlichkeit anlangt, welche bezüglich des Todes und der Bestattung Wilhelms zwischen den Berichten des Ordericus (lib. VII. p. 656 D — 662 C) und des Wace (V. 14223—14465) unleugbar vorhanden ist, so verweisen wir ebenfalls auf das p. 9 f. Gesagte und fügen nur noch hinzu, dass es auch in diesen Berichten an Abweichungen zwischen den beiden Schriftstellern durchaus nicht fehlt, so übergeht z. B. Wace die lange Rede, welche Wilhelm bei Ordericus (p. 656 D — 659 B) noch auf dem Todtenbette hält.

Da sich hiernach die zunächst liegende Vermuthung über die Quellen Wace's als unhaltbar erwiesen hat, sei es erlaubt, eine andere Hypothese aufzustellen, welche vielleicht nicht aller Wahrscheinlichkeit entbehren dürfte. Ordericus Vitalis gibt am Schlusse des 3. Buches (p. 504 A — C) als die Hauptquellen für die Geschichte Wilhelms ausser Guillelmus Pictavensis noch an: ein episches Gedicht über den

---

[*]) Auffallend ist es, dass die Rebellion Roberts, des Sohnes Wilhelms, gegen seinen Vater zwar verschiedene Male, wie z. B. p. 647A erwähnt, aber nie ausführlicher erzählt wird, obwohl gewiss das Ereigniss einer grösseren Ausführlichkeit werth gewesen wäre.

englischen Krieg (Senlacium bellum) von dem Bischofe Guido (vgl. Guill. Gemm. VII. Cap. 44 p. 291 D) und die sehr ausführliche Fortsetzung der Chronik des Marianns Scotus von Joannes Vigornensis, aus welcher wiederum ein monachus Gemblacensis — Namens Engelbertus oder Sigbertus, denn die Lesart schwankt — einen recht guten Auszug veranstaltet habe. Es scheint nun sehr möglich, dass die genannten Werke, wie dem Ordericus Vitalis, so auch unserem Wace als Quellen gedient haben, ja, wenn man — wozu guter Grund vorhanden ist — annehmen darf, dass Ordericus in seiner Quellenangabe erschöpfend war und die angeführten Quellen auch die einzigen waren, so wäre diese Vermuthung zur Gewissheit erhoben.

Wir bemerken hier noch, dass auch Benoit in der Erzählung der zwischen dem Siege bei Hastings und dem Tode Wilhelms spielenden Ereignisse eine sehr selbständige, sowohl von dem Fortsetzer des Guillelmus als auch von Wace unabhängige Stellung einnimmt, während er bis zur Schlacht von Hastings dem Guillelmus, in der Beschreibung der Schlacht selbst theils dem Pictavensis theils auch, wie in der Erzählung von Taillefer, dem Wace gefolgt war. (Uebrigens ist Benoit's Beschreibung der Schlacht V. 37286—37638 im Vergleich mit der Wace'schen ziemlich kurz). Der Bericht Benoit's von Wilhelms Tod und Bestattung erinnert wieder sehr an den von Wace und Ordericus gegebenen und Benoit scheint allerdings aus dem Ordericus geschöpft zu haben, denn die über den Tod Wilhelms angestellte und sehr poetische Reflexion (V. 39699—719) ist eine fast wörtliche Uebertragung aus Ordericus p. 661 B.

VIII. Geschichte der Söhne Wilhelms des Eroberers [Robert III., König Wilhelm II., Heinrich I.] bis zur Schlacht von Tinchebray (1087—1106).

Mit derselben Entschiedenheit wie für den vorangehenden Abschnitt ist für den jetzt zu besprechenden, den letzten des ganzen Roman's überhaupt, die Annahme zurückzuweisen, dass die Fortsetzung des Guillelmus oder das Geschichtswerk des Ordericus Vitalis die von Wace vorzugsweise benutzte Quelle sei; es zeigt vielmehr eine Vergleichung des Wace mit einem der beiden genannten Historiker auf das deutlichste, dass irgendwelches Abhängigkeitsverhältniss durchaus nicht besteht. Wir wollen zum Beweise der eben ausgesprochenen Behauptung die Zwistigkeiten zwischen den Brüdern Robert und Heinrich nach dem Berichte des Wace, des Fortsetzers des Guillelmus und des Ordericus Vitalis erzählen und zweifeln nicht, dass die Vergleichung dieser drei Berichte den angestrebten Beweis ergeben wird.

Nach Wace raubt Robert seinem Bruder Heinrich die früher an ihn verpfändete Landschaft Cotentin (V. 14577), Heinrich zieht sich hierauf „um sich zu rächen" auf den befestigten Berg St. Michel zurück (V. 14588 und 14646), wird dort von Robert und dem Könige Wilhelm II., (ohne dass jedoch für das feindliche Auftreten des letzteren irgend ein Grund angegeben worden wäre) belagert und muss endlich mit den Belagerern einen, allerdings nicht unbilligen Vergleich eingehen. (V. 14739 ff.) Nach solcher Beendigung der Fehde entlässt Heinrich seine Söldner (V. 14750) und folgt seinem Bruder Robert nach Rouen (V. 14753), wird aber dort von diesem, ohne dass Wace die Ursache anzugeben wüsste, plötzlich gefangen genommen (V. 14756) und in den „Thurm" geworfen. Heinrich entkommt indessen bald aus der Gefangenschaft — auf welche Weise erfahren wir nicht — und flieht zum Könige von Frankreich (V. 14758). Nicht lange darauf gelangt Heinrich in Besitz der festen Stadt Domfront (V. 14761), wird aber von Robert auch aus diesem Asyle wieder vertrieben (V. 14773).

Nach dem weit kürzeren und unvollständigeren Berichte des Fortsetzers des Guillelmus überzogen König Wilhelm II. und Herzog Robert III. ihren Bruder Heinrich aus ungerechter Ländergier mit Krieg und hielten ihn einmal (quadam vice) mit seinem Heere auf dem St. Michaelisberge eingeschlossen, Heinrich wusste jedoch freien Abzug zu erlangen und setzte sich mit Hülfe der Verschlagenheit eines Einwohners in den Besitz von Domfront, welche Stadt er während seines ganzen Lebens behauptete. (Guill. lib. VIII. Cap. 3 p. 294 A und B).

Nach Ordericus endlich wurde Heinrich bei der Rückkehr von einer Besuchsreise nach England in die Normandie von Robert, welcher ein Bündniss zwischen Wilhelm und Heinrich befürchtete, gefangen genommen (p. 672 D), jedoch bald wieder in Freiheit gesetzt. Heinrich zog sich nun in seine Grafschaft Cotentin zurück und regierte hier in sehr thatkräftiger Weise; sein Verhältniss zu Robert und Wilhelm war ein sehr unbrüderliches, denn dem ersteren grollte er wegen der erlittenen ungerechten Haft, und dem letzteren wegen der Confiscation der ihm (Heinrich) gehörigen mütterlichen Güter (p. 689 C). Indessen erfolgte, als Wilhelm die Normandie mit Krieg überzog, eine Versöhnung zwischen Robert und Heinrich (p. 689 D) und Heinrich leistete seinem Bruder die besten und erfolgreichsten Dienste, namentlich bei dem gefährlichen Aufstande von Rouen (p. 690). Da jedoch bei dem Friedensschlusse weder Robert noch Wilhelm ihrem Bruder irgend welche Gebiete von dem grossen väterlichen Reiche einräumen wollten, so wurde Heinrich bald wieder der Feind beider, versammelte normannische und bretonische Heerschaaren, befestigte seine Städte und begann mit allen Kräften den Krieg (p. 697 A), aber von den ihm anfangs beistehenden Baronen verlassen, sah er sich bald auf die Bergfeste St. Michael zurückgedrängt und hier von seinen Brüdern fünfzehn Tage lang heftig belagert. Um sich für bessere Zeiten zu erhalten, capitulirte er unter der Bedingung des freien Abzuges und begab sich nach Frankreich (p. 697 B). Zwei Jahre musste er hier in der Verbannung und unter dem Drucke der Dürftigkeit zubringen, aber es wurden ihm diese zwei Jahre des Elends eine gute Vorschule für seinen späteren königlichen Beruf. Erst im Jahre 1092 besserte sich seine Lage, indem ihm die Stadt Domfront, nachdem sie das Joch des Tyrannen Robert von Bellême abgeschüttelt hatte, zu ihrem Herrn erwählte und durch den Abgesandten Harcherius — eine Persönlichkeit, die auch bei Wace (V. 14767) auftritt — herbeirufen liess (p. 698 C vgl. p. 788 B extr.) Einmal im Besitze dieses festen Punktes, gewann Heinrich bald einen grossen Theil der Normandie hinzu, ohne dass er seinem Bruder Robert, dem nominellen Herzoge, mehr, als er selbst es für gut befand, Gehorsam leistete (p. 722 D).

Vergleicht man diese drei Berichte mit einander, von denen übrigens der des Ordericus von le Prevost (in der Anm. z. V. 14587) mit gutem Grunde als der historisch getreueste angesehen wird, so erkennt man leicht, dass sie allzu abweichend sind, als dass sie in irgend einem Verhältnisse zu einander stehen könnten, wenn auch immerhin Wace mit Ordericus mehr übereinstimmen mag, als mit dem Fortsetzer des Guillelmus. Auch lassen sich noch manche andere, nicht minder starke Differenzen zwischen den drei hier in Betracht kommenden Geschichtsschreibern anführen. So erwähnt z. B. Wace einen Kriegszug Roberts gegen Wilhelm II. nach England bald nach dessen Thronbesteigung und einen zwischen beiden Brüdern in Folge dessen geschlossenen Vergleich. (V. 14551—571). Weder der Fortsetzter des Guillelmus noch Ordericus wissen etwas von diesen Ereignissen, die doch jedenfalls sehr wichtig gewesen wären, sie erzählen im Gegentheile ausdrücklich, dass Robert die ihm ergebenen Barone Eustach von Boulogne, Odo von Bayeux und Robert von Bellême, die sich in Rochester gegen Wilhelm zu vertheidigen suchten, treulos und feig im Stiche liess. (Guill. lib. VIII. Cap. 3. p. 293 D — Ord. Vit. p. 667 B vgl. Benoît V. 40049—40061). In ganz eigenthümlicher Weise weit ausgeführt ist von Wace auch die Geschichte des Krieges, den Wilhelm II. gegen Hélie de la Flèche von Maine führte (V. 14912—15151) im Vergleiche mit dem gedrängten Berichte, den der Fortsetzer des Guillelmus hierüber gibt (Cap. 8. p. 296).

Wenn, wie wir überzeugt sind, durch die angeführten Details die oben aufgestellte Behauptung bewiesen wird, dass weder die Fortsetzung des Guillelmus noch die historia ecclesiastica des Ordericus von Wace als Quellen benutzt worden sind, so würde nach dieser negativen Entscheidung der Quellenfrage dieses Theiles noch eine positive Beantwortung zu geben sein, aber wir gestehen, dass wir eine solche zu geben nicht vermögen und es dürfte wohl auch die Lösung dieser Aufgabe erst dann ermöglicht sein, wenn die normannisch-englischen Geschichtsquellen in weiterem Umfange, als bis jetzt geschehen, zugänglich gemacht sein werden, denn die werthvolle Duchesne'sche Sammlung besteht nur aus einem Bande, statt, wie es beabsichtigt war, aus dreien und enthält demnach ungefähr nur ein Drittel des vorhandenen Materials.

Der mündlichen Tradition entnommen hat Wace allem Anscheine nach die sich auch in diesem Abschnitte zahlreich findenden anekdotenhaften Erzählungen, wie z. B. die Erzählung von den obscoenen Flüssen. (V. 14998 — 15013) und von der Prophezeihung, durch welche Heinrich auf der Jagd der Tod seines Bruders Wilhelm verkündet wird (V. 15194 — 217).

Dass Benoît in seiner Geschichte der Söhne Wilhelms des Eroberers sich eng an den Fortsetzer des Guillelmus anschliesst, haben wir bereits oben (p. 6) bemerkt.

Wir stehen hiermit am Ende unserer speciellen Vergleichung und dürfen wohl glauben, durch sie zu einem positiven Ergebniss über die Quellenfrage des Roman de Rou gelangt zu sein. Es besteht dieses Ergebniss in dem Beweise, dass Wace dem Dudo und Guillelmus als seinen Hauptquellen in verhältnissmässig engem Anschlusse gefolgt ist, soweit ein solcher Anschluss überhaupt möglich war, denn über den Tod Richards I. einerseits und die Schlacht bei Hasting andererseits hinaus war, wie wir gesehen haben, diese Möglichkeit nicht vorhanden. Ist aber dieser Beweis gegeben worden, so hat dadurch Bréquigni's scharfsinnige, wenn auch etwas leichtfertig aufgestellte Behauptung ihre Bestätigung erhalten, während die gegentheilige Behauptung du Mérils in ihrer Nichtigkeit und Unhaltbarkeit nachgewiesen worden ist.*)

Unsere Antwort auf die p. 1 gestellte Frage wird hiernach folgendermassen lauten:

„Der Verfasser des Roman de Rou hat nachweisbar bis zur Geschichte der Eroberung Englands die Werke des Dudo Quintinus und des Guillelmus Gemmeticensis als Hauptquellen benutzt; die Nebenquellen lassen sich nicht näher bezeichnen, nur bezüglich der Geschichte Wilhelms des Eroberers kann mit einiger Wahrscheinlichkeit vermuthet werden, dass die von Ordericus Vitalis angegebenen Werke (p. 504 A — C) als Quellen gedient haben. Aus der mündlichen Tradition hat der Verfasser nur sagen- und anekdotenhafte Erzählungen in den Roman aufgenommen. Die Weise, in welcher der Verfasser seine Hauptquellen benutzt hat, ist, wie dies überhaupt in dem Character der mittelalterlichen Histeriographie lag und ausserdem noch durch die Verschiedenheit der Sprache und der Darstellung bedingt wurde, eine ziemlich freie und willkürliche gewesen und bedarf für jeden einzelnen Abschnitt des Romans der besonderen Feststellung."

Wir können unsere Abhandlung nicht schliessen, ohne, wenn auch nur mit wenigen Worten, eines Punctes zu gedenken, den wir im Laufe unserer Specialuntersuchung absichtlich unberührt gelassen

---

*) Sehr an gründlicher Prüfung der betreffenden Frage hat es Paul Meyer fehlen lassen, wenn er in seiner Recension des du Méril'schen Aufsatzes sagt; „M. du Méril me semble aussi avoir demontré de la façon la plus complète, que Wace a eu d'autres sources que les ouvrages de Guillaume de Jumiéges et de Dudon de Saint-Quentin."

haben. Es ist dies die Frage, wie weit den Berichten des Wace und der übrigen von uns in Betracht gezogenen normannischen Geschichtsschreibern historische Glaubwürdigkeit beizulegen sei. Denn, dass es mit dieser Glaubwürdigkeit nicht überall zum besten bestellt sei, ist ein von der historischen Kritik längst bewiesenes und anerkanntes Factum, und wenn wir oben (p. 13) eine Vertheidigung der historischen Treue Dudo's unternahmen, so war dieselbe lediglich gegen die übertriebenen Verdächtigungen von Pithou, Vossius und der Histoire littéraire gerichtet und schloss, wie wir auch bemerkt haben, keineswegs aus, dass Dudo sich zahlreiche Entstellungen, namentlich Uebertreibungen im normannischen Sinne habe zu Schulden kommen lassen. Es muss daher die Benutzung der normannischen Geschichtswerke mit grosser Vorsicht und mit steter Vergleichung anderweitiger Quellen geschehen, will man auch in den Details das Thatsächliche oder doch das Wahrscheinlichste ermitteln. Für uns lag nun, namentlich in denjenigen Fällen, wo Wace von seinen gewöhnlichen Führern abweicht, die Versuchung sehr nahe, derartige Ermittelungen vorzunehmen, indessen haben wir doch davon abgesehen, da dies Unternehmen die Grenzen unserer Abhandlung allzuweit überschritten haben würde. Man nehme daher keinen Anstoss daran, wenn wir Ereignisse oder Umstände, welche Wace entweder allein oder in Uebereinstimmung mit seinen Hauptquellen als historisch anführt, ohne dass sie dies in Wahrheit wären, mit keinen kritischen Bemerkungen begleitet haben, unsere Aufgabe war eben nur, die Uebereinstimmung der Berichte des Wace, Dudo und Guillelmus soweit als möglich nachzuweisen, die dann zunächst liegende Frage aber nach der historischen Wahrheit der übereinstimmenden oder nicht übereinstimmenden Berichte mussten wir, um die gezogenen Grenzen zu wahren, ganz unberührt lassen.